JN268573

シリーズ 意思決定の科学 4
松原 望 編集

財務と意思決定

小山明宏
著

朝倉書店

まえがき

　1980年代以降，財務の分野では，いわゆる数式を使った分析は特に注目されつつある．とりわけ，金融工学と呼ばれることばに代表される，証券分析における数学的なモデル分析が，バブル経済の波に乗ってもてはやされていた頃には，その名を冠した学会が設立され，大いに注目されていたと言えよう．ただし，その後のバブルの破裂とそれによる金融・証券関係の業界の疲弊に伴って，この種のテーマに対する関心には若干の陰りがあるように筆者には思われる．

　とは言っても，それは「財務におけるモデル分析」の意義あるいは重要性が低下したことを意味するものではないことは，誰もが認めるところであろう．財務に限らず，企業における意思決定一般に関するモデル分析の歴史は，オペレーションズリサーチ（OR）と呼ばれる一連の分析体系をはじめとして，20世紀後半ゆるぎない実績を示しているのである．そして，それは，財務の分野でも確実に現れつつある．

　本書は，このような問題意識の下に，松原　望・東京大学教授のイニシアティヴにより構成された「シリーズ〈意思決定の科学〉」の第4巻として書かれたものである．ここで，実は筆者にとって非常に重要なこととなった，本書が現れた経緯について若干説明させていただきたい．話は20年以上前に遡る．当時，一橋大学大学院商学研究科の大学院生だった筆者は，指導教授・宮川公男先生の下で，ポートフォリオセレクションや倒産コストモデルによる資本構成の分析などに従事していた．そこへ，当時筑波大学教授であられた松原先生が，数量化理論の集中講演会のため，国立にいらしたのである．この講演会をすべて聴いた筆者は，当時続けて本を出版された松原教授のテーマに関心を持ち，その本を買い求めたり，多変量解析や数量化理論の勉強のため，統計数理研究所の講座に参加したり，一人で勉強したりしたのである．この時に読みふけった，統計的決定理論

に関する松原先生の著書は，その後筆者にとって非常に重要な意味を持つことになった．元来，指導教授の宮川先生は統計やORの講義を担当しておられ，もとはと言えば筆者も，小平（教養部）での宮川教授の統計学の講義に興味を持って，国立での宮川研究室の門を叩いたのであったが，その興味は松原先生の著書で，さらに方向を持つことになったのである．

その後，大学院を終え，学習院大学に奉職してから10年ほどが経ち，1992年に初めての経営財務の教科書を公刊するにあたって，ポートフォリオセレクションやエージェンシー理論という，今や財務の分野で重要な役割を持つ，モデル分析を伴うテーマも，可能な限り漏らすことなく取り上げた．それらは，昔お世話になった松原先生にも，一種の「近況報告」として見ていただいたのであった．そしてさらに月日は流れ，幸運にもこのたびの企画では，松原先生からこのテーマ，「財務と意思決定」で本をまとめてみてはどうか，というお声をかけていただくに至ったのは，筆者にとり大変うれしく，また光栄に感じているところである．自らの昔の成果を忘れずに覚えていて下さり，チャンスがあってそれを与えていただけるというのは，このうえない喜びである．

筆者は，現在の研究テーマとしては，あまり数理的なものを取り上げてはいない．むしろ日独企業の経営比較を，エージェンシー理論のフレームワークの下に行うことが，現今の関心事である．そのために，ドイツに3年住んでみたり，ドイツの経営学会で何度かエージェンシー理論による理論的・実証的発表をしたり，という活動をして，最近はしばしば「ドイツ経営学」の研究者と見なされることもあるようだ．とは言っても，わが国のドイツ経営学研究自体はすでに長い歴史を持ち，筆者のようにモデル分析出身の者が，たやすく取り上げられるものではないことは明らかで，実際筆者も，ドイツ企業の研究には従事しているが，いわゆるドイツ経営学の研究に従事できるほどのキャリアと蓄積は持ち合わせていない．それは，できれば今後努力して，理解できるようにしたいと考えているのである．

一方で，筆者にとって研究の出発点の一つになった，「モデル分析」については，心のどこかで興味を持ち続け，いつかは自分なりにまとめてみたい，そして，外見的な「カッコ良さ」をねらわない，実体のある，わかりやすい財務のモデル分析の教科書を書いてみたい，という気持ちは，この20年間消えたことはない

のである．

　こうして取り組み始めた本書であるが，エージェンシー理論をはじめとする新制度派経済学の，ドイツ語の書物の翻訳出版の仕事，勤務校での役職，そして残念ながら急病で入院を余儀なくされる，などのことが重なり，今日に至ってしまった．結果として本書の原稿の最初の1ページ目は，入院中のベッドの上で書き始めるという，全く予定外の事態になってしまったが，それとても今は思い出のひとつ，と言える．

　本書は，そんなわけで，筆者にとっては多少ユニークな成果ということになるかもしれない．こういうチャンスに恵まれる源を与えて下さった，一橋大学名誉教授・麗澤大学教授・宮川公男先生，そして，筆者が本格的に財務関係の研究に進む際に懇切にご指導いただいた，元一橋大学名誉教授・故木村増三先生には，感謝の気持ちでいっぱいである．また，このシリーズのオーガナイザーであられる，松原望・東京大学教授には，心からお礼申し上げ，また，一層研究に励むことでご恩に報いたいと思う次第である．さらに，筆者の主たる興味が日独企業の比較分析になってからも，特にドイツ，パーデルボルン大学のヘルムート・ディートル（Helmut Dietl）教授からは，モデル分析をも含むコーポレートガヴァナンス研究で，常に刺激を得ることができた．記して感謝したい．

　目次を見ていただけばわかると思うが，本書で取り上げられたトピックは，現代財務理論においてある程度数理的な扱いがなされるものには，一通り触れていると思われる．また，そこには筆者の大学での教育活動にあたっての成果なども随所に織り込まれている．筆者のゼミの学生だった小嶋俊裕君，畑宏和君，長岡大岳君をはじめとする歴代のゼミ生や下田俊樹君らの学生の諸君の作業によるところも多く，ここに感謝する．ただし，その内容はすべて「…入門」という段階のレベルである．この点，本書が研究書ではなく，教科書のスタイルをとっていること，そして願わくば，研究を行うための橋渡しというレベルの役割をもねらっていることを理解していただければ幸いである．この点については，巻末の参考文献の解説にあたり，一層の勉強を希望される方々のために，若干の指針を示してあるので，その部分をじっくりと読んでいただきたい．なお，原稿の整理・ファイルへの入力などにあたり，学習院大学経済学部副手の吉澤尚子さん，辻本充子さんに大変お世話になった．記して感謝したい．また，前述の急病によ

る突然の入院以来，ますます筆が進まず，朝倉書店の関係者の方々には大変ご迷惑をおかけした．心からお詫びする次第である．

　財務論の研究に筆者が本格的に携わってから25年の月日が過ぎた現在，その研究方法には，はっきりと二分化の傾向があるように思われる．それをあえて「制度的分析」と「数理的分析」の2つに分けるとすれば，筆者は元来後者の出身であるが，現在は前者に属しつつも，後者への関心を抱き続けてきたという気がしている．エージェンシー理論による日独企業の比較はこの両者をうまく使って進めようという試みの産物でもあるのだが，そのアウトプットについてはなお模索中である．ただし，経営学研究においては，現実の企業経営を制度的に分析するだけではなく，数理的に，あるいはモデル分析を行うことが不可欠である．どちらか一つだけでは，全体として明らかに不完全なものになろう．この両方が過不足なくそろい，そのうえでその両方に基づく実証分析が行われて，さらにその解釈が適切に行われたとき，初めて，実りのある成果が得られる，ということになる．この意味で筆者にとって，モデル分析も常に頭においておく必要があったのである．同じことは，経営学・企業経営の研究に興味を持たれる方々にも，なにがしかあてはまるのではないか，と思われ，そこに本書の価値が見い出せれば，というのが，筆者の思いである．

　考えてみるとドイツでの計3年間の生活は，楽しくもあり辛くもあったといえようが，常に一緒に暮らしている家族である妻・洋子，二人の子・園未，千香蓉にはいつも感謝している．特に，バイロイト大学で半年間講義・演習を担当した時は，ドイツ語による教育という苦労のみならず，さまざまな派生的事態の連続で，結果として家族には予想以上の負担をかけ，ミュンヘンでの生活も終始快適というわけにはいかなかったが，常に共に行動できたことは何よりもうれしく思っている．また，こうして今，フライブルグで学会に参加していても，ドイツでの経営学研究の奥深さを見る思いがするとともに，やはり，アングロサクソン系の研究者たちにはない，貴重な考察の方向を感じている．そしてそれは，ドイツについて，身をもって知ることができたことによる大切な財産と考えている．それは，昨今特に新制度派の分析手法による研究に従事している筆者にとって，まさしく英語文献，英米人研究者とのコミュニケーションだけからは絶対に得られないものであり，今後も是非拡げていきたいと考えている．

本書のような，企業財務のモデル分析の考え方は，財務の勉強を目指す方々の必ずしもすべてに必須のものかどうかはわからないが，前述の通り，少なくとも多くの方にとって，財務のモデル分析への入門というチャンスを与えられるものであると信じている．大方の叱正を仰ぎたい．

　2001年6月

ドイツ経営学会第63回大会が
行われているフライブルグにて　　小山　明宏

目　　次

1. **財務的意思決定の対象** ………………………………………………… 1
   1.1 財務理論の体系とその進展 ………………………………………… 1
   1.2 財務的意思決定の数理的側面 ……………………………………… 7

2. **ポートフォリオセレクション** ………………………………………… 11
   2.1 リスクと危険回避 …………………………………………………… 11
   　(1) 危険回避 ― リスクに対する態度 ― ………………………… 11
   　(2) 投資収益率・投資リスクの計算と選好 ……………………… 13
   2.2 ポートフォリオモデル ……………………………………………… 14
   　(1) ポートフォリオとは何か ……………………………………… 14
   　(2) ポートフォリオの期待収益・投資リスクの計算 …………… 15
   　(3) 分散投資と最適ポートフォリオの選択 ― リスク証券のみのケース ―
   　　………………………………………………………………………… 17
   　(4) 最適ポートフォリオの選択 ― 安全資産と分離定理 ― …… 20
   2.3 マーケットモデル …………………………………………………… 22
   　(1) マーケットモデルの概念とベータ …………………………… 22
   　(2) リスク指標としての意義 ……………………………………… 23
   　(3) 証券特性線とマーケットモデルによるポートフォリオ効果の検討 … 24

3. **資本市場理論** …………………………………………………………… 28
   3.1 資産価格形成モデル ………………………………………………… 28
   　(1) 資産価格形成モデル(CAPM)とは何か ……………………… 28
   　(2) ベータとリスクプレミアム …………………………………… 29
   　(3) 他の型の資産価格形成モデル ………………………………… 29

3.2　効率的市場仮説 ………………………………………………… 32
　　(1)　効率的市場仮説とその意義 ………………………………… 32
　　(2)　効率性の検証可能性 ………………………………………… 37
　　(3)　市場の効率性によるインプリケーション概説 …………… 40
　　(4)　市場アノマリーと効率的市場仮説 ………………………… 45
　3.3　資本資産の価格形成の裁定理論 ……………………………… 46
　　(1)　CAPM と APT ……………………………………………… 46
　　(2)　APT の考え方 ……………………………………………… 47
　　(3)　APT の導出 ………………………………………………… 50
　　(4)　マルチファクターモデル …………………………………… 51

4.　オプション価格理論 ……………………………………………… 52
　4.1　オプションの概念 ……………………………………………… 52
　　(1)　オプション取引の仕組み …………………………………… 52
　　(2)　オプションの基本説明 ……………………………………… 54
　4.2　オプションモデルの理論 ……………………………………… 57
　　(1)　基本モデル …………………………………………………… 57
　　(2)　オプションモデルの経済学的解釈 ………………………… 58
　4.3　価格形成モデル ………………………………………………… 59

5.　企業評価モデル (1) ……………………………………………… 62
　5.1　企業価値の概念 ………………………………………………… 62
　　(1)　理論的側面 …………………………………………………… 62
　　(2)　実務的側面 …………………………………………………… 64
　5.2　企業評価の理論 ………………………………………………… 67
　　(1)　企業の絶対的評価 …………………………………………… 67
　　(2)　企業の相対的評価 …………………………………………… 78

6.　企業評価モデル (2) ……………………………………………… 88
　6.1　債券格付けモデル ……………………………………………… 88
　　(1)　債券の格付け ………………………………………………… 88

(2)	格付け記号と定義	89
(3)	格付けに関する分析	89

6.2 多変量解析による方法 …………………………………… 94
 (1) 判別分析とは ………………………………………… 94
 (2) 多変量解析による企業の総合評価の実例（日経優良企業ランキング）
  ……………………………………………………………… 95
6.3 倒産予測モデル …………………………………………… 98
 (1) 倒産の研究 …………………………………………… 98
 (2) 判別分析による倒産予測 …………………………… 102
 (3) 判別分析を用いたわが国の企業のデータによる倒産予測モデル … 104

7. プリンシパルエージェントモデル …………………………… 117

7.1 エージェンシー関係の概念 ……………………………… 117
 (1) はじめに ……………………………………………… 117
 (2) プリンシパルとエージェントの実例 ……………… 117
 (3) エージェンシー関係の定義 ………………………… 119
7.2 エージェンシー理論とエージェンシーコスト ………… 122
 (1) モラルハザード，アドバースセレクション，ホールドアップ …… 122
 (2) エージェンシー関係・エージェンシーコストの定式化 ………… 132
7.3 財務におけるエージェンシーモデル …………………… 136
 (1) 経営者(陣)を取り巻くエージェンシー関係 ……… 136
 (2) 日本企業におけるエージェンシー関係の固有性 … 138
 (3) エージェンシーコストの削減のための方法（経営者を規律づける
  「装置」としての企業内外の制度）………………… 140

参 考 文 献 ……………………………………………………… 149
索 　 　 引 ……………………………………………………… 155

1

財務的意思決定の対象

1.1　財務理論の体系とその進展

　経営学では，企業経営に必要なさまざまな構成要素を，いかにうまく関連づけて推移させるかを考え，その手段を工夫することがテーマとなる．そして，企業経営における四大資源とされる，「ヒト」，「モノ」，「カネ」，「情報」のうち，「カネ」すなわち「お金」の扱い，あるいは管理を取り上げるのが「財務管理（論）」であることはいうまでもないであろう．企業経営の「三大意思決定」として，「生産」，「販売」，「財務」の三つをあげることもあり，その場合，企業の財務的意思決定は非常に重要な構成要素であることがわかる．

　次に，「財務」の具体的なコンポーネントを考える必要がある．身近な問題として考えると，企業が実行しなくてはならない財務的意思決定には最低限，次の三つが含まれなくてはならない．

　　　(1) 投資の意思決定，(2) 資金調達の意思決定，(3) 配当の意思決定

　財務的意思決定のトピックをどの程度まで広げるか（あるいは狭めるか）には諸説存在するものの，現代においては，ごく最近までは前述の(1)，(2)を中心として，(3)はこれらに付随して存在するものと考えられていた．その後，コーポレートガヴァナンスの問題がにわかに注目されるようになって以来，(3)は「成果配分の問題」，あるいは「ステークホルダーの問題」として大いに取り上げられつつある．

　経営財務という意思決定分野が，どの程度昔から存在していたのか，という問題への答えは，論者によって諸説分かれているが，なかでは，20世紀初頭の「伝統的」資金調達論が，そのはじまりという考え方が，まずは適切と思われること

になる．すなわち，現代財務理論が定着するに至るまでにたどったプロセス，あるいは，具体的なテーマとして出現した順番は，次のようなものと考えられている．

① 伝統的資金調達論 → ② 利子理論 → ③ 企業評価理論 →
④ 投資理論 → ⑤ 資本コスト問題 → ⑥ 資本予算論 →
(⑦ 線形計画法 →) ⑧ 市場価値基準と無関連性命題 →
⑨ 決定理論/ポートフォリオ選択 → ⑩ 資本市場理論 →
⑪ 新制度派の組織の経済学 → ⑫ 現代財務理論

① 伝統的資金調達論：もともと，「財務」という用語にあたる finance という単語を，一般的な英和辞典で調べると，通常は「資金調達」という訳語が必ず載っているものである．そしてこのことはすなわち，現代の「財務」ということばの源（みなもと）が，このような資金調達論であったことの重要な証しであると考えうる根拠となる．

このような伝統的資金調達論は，当然その視点が企業の「中」を向いている．これに対し，企業の「外」，すなわち資金源を企業の外部，具体的には資本市場に視点を向けた理論として，次の利子理論があり，これも現代財務理論の源の一つとなっている．

② 利子理論：現代の財務理論における考察方法で中心的，最も基本的な概念となっている，割引（資本換元，capitalization）計算の考え方の理論的基礎は，経済学的な「利子理論」および「資本理論」に負うところが大である．利子理論により，個人が保有する支払い（流列）の価値はその支払いが発生する時期というものに依存することを知る．とりわけ，時間的に異なった支払い（流列）というものが，なぜ，そしてどのように同列に，ある一時点へと換算されるのか，つまり，いわゆる「貨幣の時間価値」の考え方を教えてくれる．

この利子理論から，市場（企業外部）志向的なトピックとして企業評価理論，企業内部志向的なトピックとして投資理論が分化する．

③ 企業評価理論：前述の「将来利得の割引計算」の基本思想は，資産評価の理論へと一般化された．企業評価，あるいは持分評価と呼ばれる分野である．利得をもたらす資産（財）の価値は，将来その資産から得られると予想されるすべての利得（あるいはインフロー）の，ある評価時点における割引価値の合計である．このような「経済的価値」が，利得価値であり，たとえば株式会社の自己資本コ

ストの計算に適用されうる．すなわち，そこでは企業は株主にインフローをもたらす「資産」であり，今後もたらしてくれるインフローの総・合計価値が，当該企業の価値の基本的な値である．

④ 投資理論：投資理論は，前述の②と③，すなわち割引計算と利得評価の基本思想を経営上の投資決定へ適用したものである．そこでは個々の投資プロジェクトの収益性を決定する，実用的でかつ同時に理論的に正しい方法を追求する．現在価値法と内部利益率法の二つが，ここで重要な意味をもっている．それは，割引率の算出根拠，利益率の比較基準そして不確定性の問題など，多くの問題をかかえている．

このような投資理論の基本思想は，さらに，資本コスト問題および不確定性の考慮の問題として，発展していくことになる．

⑤ 資本コスト問題：資本コストにまつわるトピックは，企業内部志向的な財務理論の最も代表的かつ重要なものである．資本コストの問題は，最適な投資決定をもたらす計算利率(割引率)を見つけることであるといえる．「適切な資本コスト」の概念は，「正しい計算利率(割引率)を用いる」と同義である．資本コストの問題には形式にかかわる面と，物質的な面の二つがある．前者は，当該投資によって排除された他の投資のうち，最高の代替案がもつ計算利率が，投資一般の計算利率とされるべきだ，ということである．しかしながら，不完全な資本市場では，個々の投資プロジェクトが意思決定される時点には，その投資の採用によってどの代替案が排除されるのかは，まだ不明である．資本コストの問題をこのように考えてくると，不完全な資本市場においては個々の投資プロジェクトに関する意思決定を別々に行うことはできないことがわかってくる．正しい計算利率は，投資計画を他の諸制約条件と考え合わせることから明らかになる．資本コストの一つの決定要因は資金調達コストである．資本市場が完全ならば資本コストと資金調達コストは同じである．そしてこれは，前述の資本コスト問題の，物質的な側面へと考察を進ませる．完全な資本市場を想定したとき，資金調達ならびに資本コストのレベルについての，このような「物質的」な疑問が発生することに気づくのである．このような資本コスト問題に関する議論は，1955年から1965年頃にかけて行われ，それは，財務の問題に対する経済学的な分析の有効性を広く知らしめるのに大いに貢献した．

⑥ 資本予算論：不完全な資本市場においては，「正しい」計算利率あるいは資

本コストは不明で，ある投資の有利性を独立に決めることは，通常は不可能である．したがって，投資および資金調達の計画全体について同時に決定を行い，そのような問題を回避することになる．そしてそのための簡単な方法が「資本予算」である．それは，「同時決定」，すなわち，最適な投資，資金調達双方の計画があって初めてそのときに「正しい」計算利率がわかることになる．

⑦ 線形計画法：以上の⑥までの思考の流れに直接所属するものではないが，1960年代から，線形計画法（linear programming, LP）の助けを借りた複数期間の投資・資金調達計画の同時決定についてのモデルが発表された．前述の→による全体の流れの叙述のなかでも，「⑦ 線形計画法」だけは，このため，括弧でくくってある．元来 LP は，第二次世界大戦時に米国で開発された作戦研究（operations research, OR）の非常に重要な一分野として，わが国にも昭和20年代に紹介されたものであるが，それが財務の分野に利用されるようになったのである．線形計画法は，線形式の目的関数を，やはり線形式の制約条件のもとで最大化するものである．線形計画法を財務の分野に直接適用する際に，そこでの制約条件式として理論的におもしろいのは，「流動性の制約」である．線形計画法の定式化の性質により，資本市場における複数期間の意思決定が明瞭に扱われる．そこでの問題点は目的関数であるが，無難なところで「投資家」にとっての収入流列が最適化される，という形で議論が進められた．

線形計画法がかかえる問題点は，そこでのいくつかの仮定の現実性である．特に，「確定性の仮定」は，まさしく現実性に欠けるし，経営学研究への影響力も，この点で限定されるものとなった．もっとも，このことを意識した若干の改良モデルも提示されてはいる．

⑧ 市場価値基準と無関連性命題：不確実な期待と完全な市場という仮定のもとに，この分野でのめざましい発展が成し遂げられた．フランコ・モディリアーニ（Franco Modigliani）とマートン・ミラー（Merton H. Miller）（彼らの姓の文字をとって Modigliani & Miller，あるいはさらに略して MM と呼ばれる）による「資本コスト，企業金融と投資の理論」という名の論文における，新古典派に属する思考方式が，その最も重要な出発点である．彼らが最初に証明したとおり，自己資本および他人資本の市場の完全性というある一定の条件のもとでは，資金調達源の構成は，株式会社の総価値および（平均）資本コストには全く影響を与えない．このため最適な資本構成は存在しない．この「無関連性命題」は，

完全な資本市場においては株式会社の資金調達全体は，企業価値および株主の富とは無関連である，というびっくりするような結論にまで拡張されうるのである．これがもし正しいのであれば，形式的な資本コスト問題は解決されうる．この投資の意思決定問題は資金調達からは独立になされうるであろうから，目立って簡単化される．

MMの無関連性命題の証明は，株式会社の自己資本の市場価値を極大化することが株主の利益となるという前提に依存し，また自らもこの目標設定の利用を是認している．しかし同時に，市場価値なるもの，すなわち取引所での株式の価値が，一体何に依存しているかという疑問が提出される．この疑問に答えるためには，利益評価の基本思想だけでは不十分である．株主が株式のリスクをいかに測定するのか，そして評価するのかが説明されねばならない．

⑨ 決定理論／ポートフォリオ選択：投資決定は常に不確定性下の意思決定である．そして不確定性下の決定問題をいかに定式化し，解決するかというのは，決定理論の考察対象にあたる．決定理論には二つの重要な方法的出発点がある．

（ⅰ）決定問題が正しく「結果の表（ペイオフ表，もしくは損失表）」という形で定式化されうること，そしてそれが決定原理の助けを借りて解決されうること．そこでの重要な決定原理は「ベルヌーイ基準」である．

（ⅱ）考察の対象となっている行動可能性のそれぞれについて，「利得（もしくは損失）」および「リスク」の対数指標を付与することにより，決定問題を，場合によっては簡略化して，必ずしも正確にではなく定式化しうる．そして，その解の導出には，利得（損失）とリスクが互いにいかに比較考量されるかを示す評価ルールが必要となる．

決定理論は，投資決定だけでなく資金調達決定にも重要である．それは，投資を行うための資本を企業が取得できるか，あるいはどういう制約条件のもとでか，などが，資本提供者がそのリスクをどう測り，評価するかにとりわけ依存するからである．そしてその際に次のような考察が非常に重要となる．

資本提供者は，自らの資本をさまざまな投資対象に分けて振り向けることにより，リスクを削減しうる．とりわけ株式会社の自己資本提供者にとっては，「分散投資（diversification）」の可能性，すなわち投資対象の分散化・多様化によるリスクの減少化の可能性が与えられている．資本提供者の側での分散投資は，諸企業にとっての自己資本コストを低下させる．これがどのように起こりうるかは，

証券混合論(ポートフォリオ選択)の分野で探求される．ポートフォリオ選択は証券市場における資本投資家のための特殊な意思決定理論として発生したもので，元来は投資や資金調達の理論と結びついたものではなかった．資本市場理論が初めてこの結びつきをもたらしたのである．ポートフォリオ選択は，ハリー・マーコヴィッツ (Harry Markowitz) による，いまや古典的な文献が1952年に刊行されたのが，その源である．

⑩ 資本市場理論：すべての資本提供者が分散投資の可能性を系統的に利用するという仮定に基づいて，資本市場理論は，株式やその他の危険資産が資本市場でいかに評価されうるかという単純な基準を示してくれる．株式の市場価値，ならびに株式会社の自己資本の市場価値は，期待利益と，いわゆるシステマティックリスクのみによって決定される．株式の市場価値を決定する際のリスク尺度は，株式収益率の分散ではなく，その収益率とマーケットポートフォリオの収益率との共分散，すなわち一般的な証券市場の傾向に対する感応度である．株式の市場価値の決定というこの理論によって，「市場価値の極大化」という目標設定は具体化される．ウィリアム・シャープ (William F. Sharpe) による1964年の論文は，資本市場理論の古典として名高いものである．

⑪ 新制度派の組織の経済学：1970年代から，米国を中心に，企業を単一で均質な意思決定主体の核としてみるのではなく，場合によってはコンフリクトを伴う組織体として捉えるべきであるとする主張が現れた．それらはプロパティライツ理論，取引費用理論，そしてエージェンシー理論の三つを柱とする新制度派の組織の経済学と呼ばれるものの萌芽である．このなかで特にエージェンシー理論は，財務の意思決定の解明に幅広くコミットし，そこでのさまざまな問題に新しい切り口を与えて，従来気づかれなかった新しい視点や問題への解を与えることとなった．財務におけるエージェンシー理論の利用は，1976年のマイケル・ジェンセンとウィリアム・メックリング (Michael Jensen & William Mecking) の論文が，そのはじまりであるとされる．

⑫ 現代財務理論：現代の投資および資金調達の理論は，資本市場理論において構築された，企業にとっての最適な投資決定および資金調達決定の基準に基づき記されたものである．そしてその際には，常に人間の存在，すなわち組織のなかでの意思決定者を念頭に置いた考察を行っている．それはさらに，新制度派を中心とした経済学的な分析とともに，現代財務理論の中核を形成する．こうし

て，多くのバックグラウンドをもつ現代財務理論が誕生して，現代の経営学における一つの重要な部門をなしている．

1.2 財務的意思決定の数理的側面

このような資金調達・投資決定・成果配分のそれぞれの分野で，数理的分析方法はどのように利用されているかをみてみよう．

すなわち，新しい財務理論での効果的なモデル分析の必要性と有効利用のために何が必要かを理解するためには，まず，従来の状況，そして具体例をみて，なぜそのような利用がされているかを知ることが有用である．伝統的な資金調達・投資決定・成果配分のそれぞれの分野で，数理的分析方法はどのように利用されていたか．

前節で鳥瞰したように，財務理論が現代に至るまで，全く数理的分析が行われなかったわけではない．ただし，そこで使われたものは現在いわれるところの「商業数学」と呼ばれるものである．すなわち，貨幣の時間価値の概念の重要性が説かれ，割引計算，複利計算などが重視されて，そのための効率的な算法の考案や，できるだけ簡便的にその計算を行うための，みやすい表の作成などが考察の対象となった．経営財務，財務管理のテキストにも，以前はそのための表が複利計算表とか，年金計算表などの名称で，巻末に綴じ込まれていることが多かったのである．ただ，それらは，その計算が大変だった頃，すなわち，古くはすべてが手計算，さらには，その後，わが国の場合にはそろばんなどでいちいち計算しなくてはならなかった頃の事情によるもので，その後の情報処理技術の発展は，状況を大きく変えたのである．すなわち，コンピュータの発達，電卓の普及，そして低価格化，さらには表計算ソフトウェアの出現などで，この種の計算「技術」の工夫は，必要性が希薄となってきたのである．たとえば昨今非常に広く利用されている表計算ソフトウェアにおいては，組み込まれた関数のなかに，「財務関数」があり，ユーザーはそのマニュアルに従って操作を行えば，全く苦労なしに欲しい結果が得られるのである．

これらは過去における財務でのモデル利用の一つの例ではあるが，なかでは多少極端な方向へ進んだものかもしれない．すなわち，前述のケースは特に投資決定の分野にみられたものだったからである．これに対し，資金調達・資本構成，および成果配分の分野では，同じような割引計算のモデルは，特に企業評価のた

めに頻繁に用いられていた．しかし，対象となるトピックが異なるだけであって，そこで用いられる手法自体は基本的には同様であったといえよう．

もともと，「数理的分析」とは mathematical analysis の訳語で，それを「モデル分析」と言い換えることも可能である．モデル分析 (model analysis) は，前節で取り上げた，⑦で言及されている OR において，大きくクローズアップされた概念である．すなわち OR における三つのアプローチの一つとして，システムズアプローチ，インターディシプリナリーアプローチと並んで「科学的アプローチ」が取り上げられ，そこでの「科学的」という語の内訳として，モデルによる問題解決があげられたのである．本書で取り上げる，財務におけるモデル分析のトピックは次の五つである．

　　　　ⓐ ポートフォリオ選択，ⓑ アービトレイジ価格決定モデル，
　　　　ⓒ オプション価格決定モデル，ⓓ 企業評価モデル，
　　　　ⓔ プリンシパルエージェントモデル

いずれのモデルも，数学的には特に高度なものではなく，共通しているのは，現実の事象を式によって記述しているものだということである．そして，それこそモデル（模型）という語がもつ本来の意味にあたるといえよう．

ここで，財務におけるモデル分析の世界を構成する三つの大きな柱に言及しなくてはならない．それは次の三つである．

　　ⅰ）経済学的な市場均衡モデルに基づくもの　　　…ⓐ，ⓑ，ⓒ
　　ⅱ）財務データの統計的な処理にかかわるもの　　…ⓓ
　　ⅲ）組織・制度の経済分析のモデルにかかわるもの　…ⓔ

このうちの，まずⅰ）については，まさしく昨今「金融工学」と呼ばれている分野にあたるテーマである．前節の⑨で言及したポートフォリオ選択の理論が 1950 年代に産声をあげた後，前述のシャープやジョン・リントナー (John Lintner) によってその理論が拡張され，1960 年代にそれがさらにユージン・ファマ (Eugene Fama) やマイケル・ジェンセン (Michael Jensen) によって資本市場理論という形で整理されていった．1970 年のファマの展望論文によって，資本市場理論という名称は完全に確立したと考えることができる．そこでの最大の成果は CAPM (capital asset pricing model) の理論の確立と定着であろう．そして，ここまでのモデルは，今日の目からみると，何ら複雑なものはなかったといってよい．と同時に，これらはⅰ）のトピックでのモデル分析の基礎であり，その

後，後述のさまざまな形でのモデルの拡張があったにもかかわらず，結局1990年代にはここに立ちもどってくることになった，という歴史の証明が起こったのである．1980年代からは，time horizonを離散型から連続型に拡張する，微分方程式を巧みに使う，などの取り組みが行われた結果，一時的には「金融工学モデルジャングル」のなかに迷い込み，本質を見失ったかのように迷走した時期もあったが，それも，ここ数年若干落ち着きを取りもどして21世紀を迎えている，という状況である．前述のアービトレイジ価格決定理論やオプション価格決定モデルなどをめぐって，かなりの大騒ぎが起こったあとで，結局はCAPMの意義を再評価することとなったのは，まことに感慨深いものがある．

次のii)は，他の二つとは多少毛色の違ったトピックである．すなわち，財務とはいっても，いわゆる経営分析の延長としての企業評価の手法にかかわるもので，純粋に理論と言い切れるかどうかは断定しえないものといえよう．財務データを利用した，企業の総合的な評価のための，経営指標の合成を，いかに合理的に行うか，ということが，ここでの主題である．このテーマ草創期の，さまざまな財務指標の単純な合成作業がだんだんと複雑化し，ついには判別関数による統計的なモデル操作とデータ処理へと進んだ．そこでは，モデルの背景もさることながら，結果の解釈が，とりわけ重視されるといえる．このような分析の嚆矢となったのは，日本経済新聞社が始めたNEEDS・CASMAと呼ばれる企業評価システムであると思われる．そこでは，ベテランの経済記者たちの「かん」にも大きく頼りつつ，さまざまな企業データを合理的に加工することに力が注がれた．モデル分析の手法としてその際に使われているのは，主として判別分析である．判別分析自体にはさまざまなヴァリエーションも存在するし，厳密に取り扱うとかなり複雑なものであるが，企業評価のために用いられる判別分析は，単純な2群の，しかも線形の判別関数である．そして，そこでの係数推定の方法についても，特に込み入ったことをするわけではない．とりわけ，実務的にはSPSSなどの統計ソフトウェアを使って計測を行うことから，極端なことをいえば，データを入力してしまえば，あとは結果がアウトプットされてくるので，その中身で何が行われているかについてはあまり知らなくても，特に不都合は生じないとさえいえる．しかし，基本的にどのようなことをしているのか，という程度の理解をしていることが望ましいのはいうまでもない．こうして，多変量解析入門という程度のモデル分析が行われることになる．

最後のiii) のテーマは，オリヴァー・ウィリアムソン (Oliver Williamson) らを中心とする新制度派の組織の経済学の分析用具を利用した，財務のなかでも特に組織や制度の分析にみるべき成果をあげた，モデル分析のトピックである．新制度派の組織の経済学を構成するプロパティライツ理論，取引費用理論，プリンシパルエージェント理論という3本柱のうち，特にモデル分析を伴うのはプリンシパルエージェント理論であり，1980年代以降着実な進展を続けている．そこでのモデルは基本的には個人の効用関数の操作など，いわゆる経済学におけるポピュラーな分析方法の拡張ということができる．プリンシパルエージェント理論自体は，本来は財務論ではなく，契約の理論という，どちらかといえば人事・労務と呼ばれるべき分野で脚光を浴びてから，広く経営学の分野に浸透してきたものである．そこでは，数理的なモデル展開による分析的な流派と，ポジティブな発想から，かなりフレキシブルに現実の経営現象を説明しようとする流派が並存していて，ともに独自の成果をあげてきている．この前者は，契約の理論，たとえば契約に際しての報酬関数の設計をどのように行えばよいかという問題に，いくつかの制約条件のもとで取り組む，という形で展開されている．しかしながら，このような方向での議論は，往々にして，現実への適用という経営学としての基本的な立場を忘れて，モデルのためのモデル，分析のための分析という単なるメカニカルなハンドリングに熱中するという傾向に陥ったこともあった．このため，この種の研究では，なかには，感心するような細かなモデル分析を行ってはいるものの，経営学のトピックとしてはあまり（あるいはほとんど）意味がない，というものも少なくなかったのも事実である．当然のことながら，現実の企業経営との対応を常に意識しつつ考察を進めていくのが，本来の経営学的考察のあるべき姿であり，これを忘れては，いわば「絵に描いた餅」のそしりを免れないであろう．これに対し，後者の，ポジティブな発想からかなりフレキシブルに現実の経営現象を説明しようとする流派は，幸運にも地道な検証や計測によって着実に成果をあげている．

　こうして，現代財務理論におけるモデル分析は，原則として単なる式変型のお遊びであってはならない．可能な限り，常に現実の経営現象と対比し，それらをいかにリーズナブルに説明しうるか，それに貢献しうるか，ということが大切な視点となろう．

2

ポートフォリオセレクション

2.1 リスクと危険回避

(1) 危険回避 ── リスクに対する態度 ──

(a) リスク（危険）に対する3種類の態度 ── 危険愛好，危険中立，危険回避
──： リスクということばは一般に「望ましくないもの」というイメージをもつ．なぜだろうか．それは，ここでのリスクということばの概念が「変動」とか「下落」などのいわゆる「損失」と結びついているからである．そして，大多数の人間が，より大きな損失よりはより小さな損失を，より小さな利得よりはより大きな利得を好むという傾向から，リスク（危険）に対して考えられる危険愛好，危険中立，危険回避という三つの態度のうち，「危険回避」が最も一般的と考えることができる．

(b) 危険回避度の概念： いま，不確実な投資案 $Z_i(\mu_i, \sigma_i)$ に対するある人の評価式が，次のような式で表されるものとしよう．

$$C(Z_i) = \mu_i - \alpha \cdot \sigma_i$$

このときの α が危険回避の程度を表すパラメーターである．α の大きさによって投資案の評価値が変わり，採否の決定に影響が及ぶ．これを危険回避度（α）・リスク（σ）の変化による効用値の変化との関連で，観察しよう．

$$\text{基本となる式}：C(Z) = \mu - \alpha \cdot \sigma$$

(c) 選 好： 前述のとおり，リスクに対する態度（選好）がどのようなものであるかによって，人は，① 危険回避者，② 危険愛好者，③ 危険中立者の三つのタイプに分けられる．図2.1において，証券AとCとDを同じ程度に望ましいとみる人は危険中立者と呼ばれ，期待値の大小のみに基づいて選択を行う人で

表 2.1　α(危険回避度)の大小による $C(Z)$ の値の変化
($\mu=10$ のケースで σ が増減)

α の値	$\sigma=3$	$\sigma=2.5$	$\sigma=2$	$\sigma=1.5$	$\sigma=1$	$\sigma=0.5$
-5	25	22.5	20	17.5	15	12.5
-4	22	20	18	16	14	12
-3	19	17.5	16	14.5	13	11.5
-2	16	15	14	13	12	11
-1	13	12.5	12	11.5	11	10.5
0	10	10	10	10	10	10
1	7	7.5	8	8.5	9	9.5
2	4	5	6	7	8	9
3	1	2.5	4	5.5	7	8.5
4	-2	0	2	4	6	8
5	-5	-2.5	0	2.5	5	7.5

	σ	E
A	5	15
B	45	35
C	45	15
D	85	15

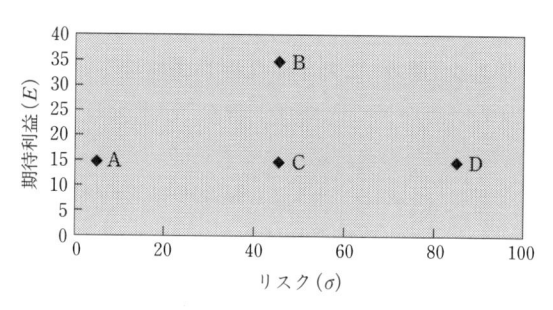

図 2.1　期待値とリスクの組み合わせの選択

あって, リスクという要因を問題としていない.

　リスクを伴う意思決定において, どのような基準に従って決断を下すかということは, 統計学, なかでも「決定理論」という分野での重要なトピックであった. 現在では, 期待効用極大化説が一般に受け入れられていて, そこでの意思決定モデルが, 2 パラメターアプローチと呼ばれる考え方である. これは, 期待値と分散(もしくは標準偏差)という二つのパラメターを同時に考慮しながら意思決定を行う, という方法で,「期待値・分散アプローチ」とも呼ばれる.

　これに対して, 証券 A よりも C, C よりも D を選好する人は, 期待値が同じであれば, -30% とか -70% などのみじめな結果に終わるかもしれないリスクをおかしてでも, 60% や 100% という高い収益率を狙う人であり, 危険愛好者と呼ばれる. 逆に, 期待値が同じであれば, よりリスクの小さい証券, すなわち

DよりC，CよりAを選択する人は，危険回避者と呼ばれる．

A，C，Dのように，期待値が等しい組み合わせならば比較は簡単だが，Bのように期待値が異なった証券を含む比較は簡単にはいかない．たとえば，図2.1で，AとBを比べた場合，危険回避者にとっては，リスクが40増えても期待値が20増えればAとBが同程度好ましいと判断するかもしれないし，あるいは20程度の増加では物足りないと感じるかもしれない．同様に，危険愛好者にとっては，BとDを比較した場合，DからBへの40というリスクの減少に伴う満足度の減少は，それによる20という期待値の増加によって補われつくすかもしれないし，あるいはより大きな期待値の増加を求めるかもしれない．このように投資家は投資収益率の期待値(E)とリスク(σ)という二つのパラメターのかねあいで，リスクとリターンの組み合わせから得られる主観的満足度(これを効用という)を比較して，自らが最も満足を得られる投資代替案を評価し，選択する．主観的満足度の等しいリスクとリターンの組み合わせを結んだ線を，効用無差別曲線と呼ぶ．この線は，一般に危険回避者と危険愛好者では曲線となり，危険中立者では横軸に平行な直線となる．

(2) 投資収益率・投資リスクの計算と選好

(a) 投資収益率の計算： 投資収益率の計算は，設備投資の経済計算における内部利益率の考え方に類似したところがある．

投資収益率の考え方は，また，利回りの概念によく似ている．一般的に，証券の保有期間が1年以上，たとえばT年間にわたる場合の投資収益率は，次式を満たすRである．

$$P_0 = \frac{D_1}{(1+R)} + \frac{D_2}{(1+R)^2} + \cdots + \frac{D_T + P_T}{(1+R)^T}$$

ここで，P_0は証券の現在の市場価格，D_t，$t=1,\cdots,T$は，t年末に受け取る収益，そしてP_TはT年後の売却価格である．この式は広く一般にどのような種類の証券にも適用可能で，普通株の場合は，D_tはt年末に受け取ると予想される配当であり，P_TはT年末の株価である．債券の場合，D_tは，t年末に確実に受け取る利息であり，P_Tは，T年末の価値(売却価格)にあたる．

投資時点で投資収益率が確定している証券を無リスク証券(安全証券)と呼び，それが確定していない証券をリスク証券と呼ぶ．このリスク証券の場合は，将来に起こりそうな結果と，それぞれの結果が起こりそうな程度，すなわち確率が想

定できれば，投資家は期待収益率 $E(R)$ を計算できる．その定義式は，確率 p_i をウェイトとするすべての可能な投資収益率 R_i の加重平均値である．

ただし，それは必ずしも，最も起こりそうな結果とか，一つの可能な結果ではないことがある．

$$E(R)=\sum_{i=1}^{n}p_iR_i$$

(b) 投資リスクの計算：　投資の「リスク」というのは，ひとことでいえば，投資収益率の期待値からの隔たり，あるいは期待値のまわりの投資収益率の散らばりの程度によって測定される．この程度を測定する統計量が，分散 (variance, V) ないしはその平方根である，標準偏差 (standard deviation, σ) である．

$$V(R)=\sum_{i=1}^{n}p_i[R_i-E(R)]^2$$

その意味の考え方として，たとえば，投資収益率の期待値が同一で，標準偏差が異なる二つの証券があるとき，標準偏差が大きければ大きいほど，期待収益率のまわりに広く予想収益率が散布していることになり，期待値よりも非常に高い投資収益率が得られる可能性がある反面，期待値よりも非常に低い投資収益率しか得られない可能性もあるという意味で，それだけ投資リスクは大きいと判定されるのである．

2.2　ポートフォリオモデル

(1) ポートフォリオとは何か

収益率の値が不確定な投資対象(資産)の代表は，株式であろう．それらの株式への資金投入にあたり，単一の銘柄に資金全額を投入するのではなく，複数の銘柄に資金を分散して投入することにより，前述の「リスク」の大きさをコントロールすることができる．このときの資産混合を「ポートフォリオ」と呼ぶ．すなわち，二つの銘柄の証券に自らの資金を分配して投資すれば，すでにそれがポートフォリオといえる．ポートフォリオの収益率の分布の特性は，すでに述べたとおり二つのパラメター(期待値と分散もしくは標準偏差の組み合わせで，ポートフォリオの特性を代表する指標)により代表して表される．

表 2.2

(a) 組み入れ比率の変化とポートフォリオのパラメター

	期待利益率	標準偏差
銘柄 A	0.24576	0.19856
銘柄 B	0.23586	0.17917

両者の相関係数＝0.01341

(b) この二つを組み合わせたポートフォリオのパラメター

$X(A)$	$X(B)$	期待利益率	標準偏差
0.0	1.0	0.245	0.3
0.1	0.9	0.252	0.27
0.2	0.8	0.258	0.26
0.3	0.7	0.262	0.262
0.4	0.6	0.27	0.28
0.5	0.5	0.275	0.3
0.6	0.4	0.28	0.33
0.7	0.3	0.285	0.363
0.8	0.2	0.29	0.4
0.9	0.1	0.295	0.444
1.0	0.0	0.298	0.485

$X(A)$：銘柄 A の組み入れ比率 $(=1-X(B))$
$X(B)$：銘柄 B の組み入れ比率 $(=1-X(A))$

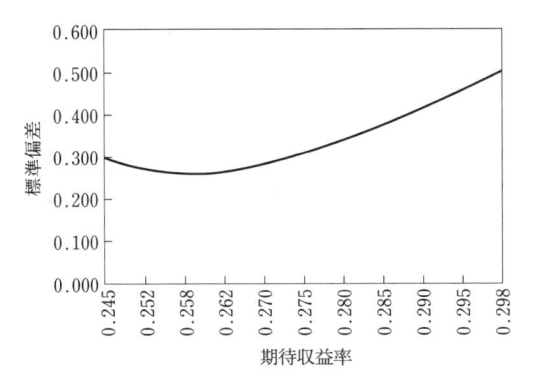

図 2.2　2 証券ポートフォリオのパラメター

(2) ポートフォリオの期待収益・投資リスクの計算

(a) **ポートフォリオの期待収益**：　ポートフォリオの収益率は，ポートフォリオを構成する個別証券の収益率の，投資比率をウェイトとする加重平均値である．

いま，記号を次のように定めよう．

R_i：証券 i の収益率，x_i：ポートフォリオに占める証券 i の割合，N：ポートフォリオ内の銘柄総数．

このとき,ポートフォリオ全体としての収益率 R_P は,

$$R_P = x_1 R_1 + x_2 R_2 + \cdots x_N R_N = \sum_{i=1}^{N} x_i R_i$$

という式によって,一般的に表現することができる.こうして,ポートフォリオの期待収益率は,そのポートフォリオを構成している証券 i の期待収益率の,ポートフォリオ内での投資比率をウェイトとする加重平均値となる.そして,ポートフォリオ全体の期待収益率は,上の式と同様に計算される.すなわち,一般的に

$$E(R_P) = x_1 E(R_1) + x_2 E(R_2) + \cdots + x_N E(R_N) = \sum_{i=1}^{N} x_i E(R_i)$$

という関係が成り立ち,複数の証券から構成されるポートフォリオの,全体としての期待投資収益率は,それぞれの証券の期待投資収益率の,ポートフォリオ内での投資比率をウェイトとする加重平均値となる.ここで各記号の意味は先の式と同様である.ただしここで,投資比率 x_i は,その合計が,常に 1.0 とならなくてはならない.すなわち, $x_1 + x_2 + \cdots + x_N = 1.0$ とならなくてはならない.

(b) ポートフォリオの投資リスク: ポートフォリオの投資リスクはそのポートフォリオ全体の投資収益率の分散(あるいは標準偏差)で測られるが,その大きさは,構成証券間の投資収益率の相関で決まる.相関関係というものは,二つの変数間の直線的な関連の度合いを表す指標である.特に,図などを参照しながら,いろいろな形の相関関係を知ることが重要である.

複数の証券から構成されているポートフォリオの,全体としての投資リスク(ポートフォリオ全体の投資収益率の分散ないし標準偏差で測定)は,それら構成証券間の,互いの投資収益率の相関の度合いによって決定される.すなわち,いま二つの証券 A,B があった場合,両証券の投資収益率の揺れ動きの方向が,同じ方向か,逆の方向かによって,この2証券ポートフォリオのリスクが変わってくる.言い換えれば,一方の証券がよい(悪い)パフォーマンスを示すとき,他方の証券もよい(悪い)パフォーマンスを示すならば,両者の投資収益率の動きは,「正の相関がある」といわれる.これに対して,一方がよい(悪い)成果を示すときに,他方が悪い(よい)成果を示すならば,両者は「負の相関がある」といわれる.この,相関の方向(正か負か)と,その大きさを測る尺度が統計学でいう相関係数であり,次の式で求められる.

$$\rho_{ij} = \frac{\mathrm{cov}(R_i, R_j)}{\sigma_i \sigma_j}$$

ここで，σ_i，σ_j は，それぞれ証券 i と証券 j の投資収益率の標準偏差であり，また $\mathrm{cov}(R_i, R_j)$ は証券 i と証券 j の投資収益率間の共分散を表す測度であり，次の式で計算される．

$$\mathrm{cov}(R_i, R_j) = E[\{R_i - E(R_i)\}\{R_j - E(R_j)\}]$$

つまり，共分散は，二つの変数の，それぞれの期待値からの差の積の期待値である，といえる．

ポートフォリオの期待収益率が，構成証券の期待収益率の，構成比率をウェイトとする加重平均値になっていたのに対して，ポートフォリオのリスク(標準偏差)は，一般的には構成証券の標準偏差の，構成比率をウェイトとする加重平均値にはならない．ポートフォリオのリスクは，構成証券個々のリスクだけでなく，構成証券間の投資収益率の相関度にも依存しているのである．

(3) **分散投資と最適ポートフォリオの選択 ── リスク証券のみのケース ──**

E-V 平面上にプロットされたさまざまな投資機会集合は，それらをいろいろな比率で組み合わせることにより，変形三日月型の集合へ帰着する．そして，その「縁(へり)」を形づくる組み合わせのうち，

　　　　同じ期待収益率なら一番分散が小さい投資機会，
　　　　同じ分散なら一番期待収益率の高い投資機会

という二つの基準を満たす投資機会集合を「有効フロンティアあるいは効率的フロンティア (efficient frontier)」と呼ぶ．危険回避的で合理的な判断を行う投資家が投資の対象とするのはこの線分上のポートフォリオだけである．

(a) **分散投資のリスク軽減効果と最適ポートフォリオの決定 ── 2個のリスク証券のケース ──**：　ここでは，二つの銘柄からなる基本的なポートフォリオによる，E-σ 平面上での投資収益率の曲線(それぞれの組み入れ比率を変えたときの投資収益率の軌跡)の形状を確実に理解し，投資機会集合の考え方をつかむことが重要である．

図2.3は，銘柄Aと銘柄Bについて，投資比率をさまざまに変えたときのポートフォリオのリスクとリターンの組み合わせの軌跡，すなわち投資機会集合を示したものである．この図をみてもわかるように，相関係数(ρ)が $+1.0$ でない限り，ポートフォリオ全体としてのリスクは，構成証券のリスクの単純な加重

図 2.3

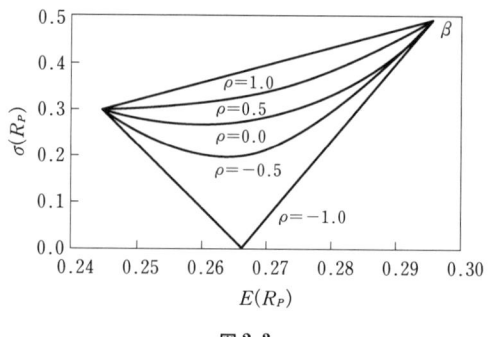

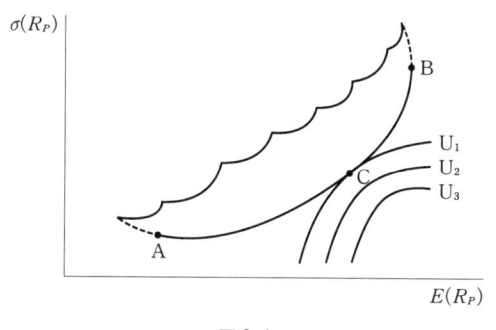

図 2.4

平均(投資比率でウェイトづけした)よりも小さくなっていることに注意しなくてはならない.このような,複数の証券に分散して投資することによって,ポートフォリオのリスクが構成証券のリスクの平均値以下に下がる効果をポートフォリオ効果とか,分散投資 (diversification) の効果と呼ぶ.

このような,個々の証券の変動がポートフォリオ内部で互いに相殺されて,ポートフォリオ全体としてのリスクが軽減され,収益が安定する効果が期待されて,しかも,そのリスク軽減の程度は,相関係数の値が小さければ小さいほど,大きくなるのである.

そして一般には,相関係数が $+1.0$ とか -1.0 になることはきわめて希なため,分散投資の効果は確実に存在する.

このようにして導出される投資機会集合 (A-B) は,危険回避型の投資家の無差別曲線 (U) と,図 2.4 のような形で接し,実行可能なポートフォリオのなか

2.2 ポートフォリオモデル

$\sigma(R_P)$

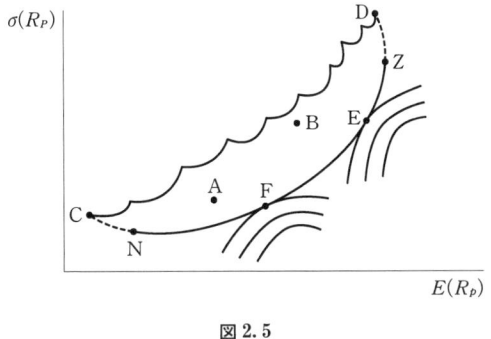

$E(R_p)$

図 2.5

で最も高い効用を得られるポートフォリオが選ばれる．ここではCのポートフォリオである．

(b) 分散投資のリスク軽減効果と最適ポートフォリオの決定 — N 個のリスク証券のケース —： ここでは効率的ポートフォリオ（有効ポートフォリオ）の概念を知り，投資家の効用無差別曲線との対応から，投資家にとっての最適ポートフォリオの決まり方を理解することが重要である．

前項のような考え方を，2証券のケースから，一般的に N 個のリスク証券によって構成されるポートフォリオのケースへと拡張することができる．図 2.5 はこれを表したもので，ポートフォリオとしては N-F-E-Z という曲線上のものが，前述の図 2.3 のようにして，複数の個別証券を次々に組み合わせて形づくられる投資機会集合の「縁（へり）」の部分として形成されるが，このなかでも，たとえば A は F とリスクの水準は同じだが，期待値は F よりきわだって小さいため，投資家は同一リスク水準ならばAよりもFを選ぶ．このようにしてみていくと，曲線 N-F-E-Z までの上にあるポートフォリオは，リスクの大きさが同じポートフォリオのなかでは最も期待値が高い投資機会であり，また，期待値の大きさが同じポートフォリオのなかでは最もリスクが小さい投資機会である．このような位置にあるポートフォリオを「他のポートフォリオに優越するポートフォリオ」と呼ぶ．そして，この N-F-E-Z の曲線を有効フロンティアまたは効率的フロンティアと呼び，この曲線上のポートフォリオを，有効ポートフォリオまたは効率的ポートフォリオと呼ぶ．この場合でも，図 2.5 のとおり，投資家の無差別曲線がどのような位置にあるか，どのような形状かにより，F が選ばれたり，

Eが選ばれたりすることになるわけで，一意的には決定されない．

一般的な N 個の証券からなるポートフォリオについての投資機会集合は，実際には無限組存在するのだが，そのなかで，他の投資機会より優越するものが，現実には問題となるのである．「効率的(有効)フロンティア (efficient frontier)」ということばの意味も，そこにある．

(4) 最適ポートフォリオの選択 ── 安全資産と分離定理 ──

ここでさらに，安全資産 (riskless asset) の存在を考えると，投資の対象はいっそう明確になる．すなわち，危険資産のうちで投資家が対象とするのは「マーケットポートフォリオ」だけになる．前項で学んだ有効ポートフォリオの曲線は，リスク証券のみからなる投資機会集合であった．現実には無リスク証券(安全資産)が存在し，リスク証券と無リスク証券の組み合わせにより，最適なポートフォリオが決まる．

(a) 無リスク証券の導入： 前節では，投資収益率の E-σ 平面上で，複数の個別証券が組み合わされて投資機会集合ができて，そのなかでも他のポートフォリオに優越する投資機会集合として有効フロンティアあるいは効率的フロンティアと呼ばれる曲線が導出されることを学習した．しかし，そこでは，考慮の対象となっているのはリスク証券のみであった．現実にはわれわれ投資家は，リスク証券のみではなく，無リスク証券にも投資を行っているわけであり，ここではそれも含めた，より現実的な投資対象全体から，どのような投資機会が形づくられるのかを，みてみよう．図 2.6 はこの関係を表したものである．

この図で，R_f は無危険証券を単位期間保有したときに得られる期待収益率で，

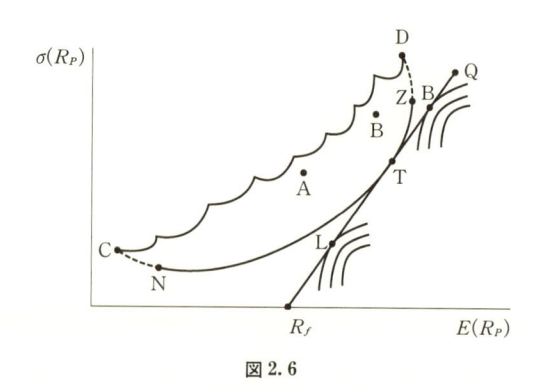

図 2.6

純粋利子率あるいは安全利子率と呼ばれるものである．これは，当然ながら σ の大きさは0.0である．さて，この R_f が与えられたとき，効率的フロンティアはどのように変わるであろうか．図2.6の上でこれをみるならば，危険証券のみからなる効率的フロンティアN-T-Zへ，R_f から引いた接線 R_f-L-T-B-Qが，新しい効率的フロンティアとなる．そして，ここでのポートフォリオ T を接点ポートフォリオと呼ぶ．点 R_f または点Tは，保有金額を全額無リスク証券 (R_f) または接点ポートフォリオ (T) に投下したポートフォリオを表す．R_f-T上のポートフォリオ (両端を除く) は，保有資金の一部を無リスク証券に投下し (これは利子率 R_f での貸付 lending と同じである)，残りを接点ポートフォリオ (T) に投下するポートフォリオを表す．これは，lending portfolio と呼ばれることがある．他方，T-Q上のポートフォリオ (T を除く) は，利子率 R_f で借り入れた資金と自己資金の合計を，接点ポートフォリオに投下するポートフォリオであり，borrowing portfolio と呼ばれることがある．すなわち，T-Q上のポートフォリオは，借り入れ (borrowing) と，接点ポートフォリオの組み合わせである．

このような新しい効率的フロンティア上の，どのポートフォリオが，投資家によって選ばれるかは，図2.6のB点およびL点をみてもわかるとおり，個々の投資家の無差別曲線の位置，形状によって決まるものであり，一意的には決まらない．

無リスク証券の利子率が与えられれば，効率的フロンティアの曲線上の最適組み合わせ (接点ポートフォリオ) は一意的に決まり，投資家のリスクとリターンに関する選好ないし嗜好には依存しない．これが「分離定理」である．すなわち，リスク証券の最適な組み合わせ (接点ポートフォリオ) の決定は，投資家の，リスクとリターンに関する選好ないし嗜好には依存しない．すなわち，接点ポートフォリオは，N 個のリスク証券にかかわる予想 ($E(R_i), \sigma_i, \sigma_{ij}$) と無リスク証券の利子率 ($R_f$) の値が与えられれば，決まるものである．これが，分離定理と呼ばれるものである．

接点ポートフォリオの決まり方は，むずかしい話をすれば，市場均衡の結果ということになるが，要するに，手続き上は，安全利子率の点から引いた直線と，リスク証券のみからなる場合の効率的フロンティアの接する点のポートフォリオである．これは，市場におけるさまざまな危険資産の混合であるポートフォリオ

のなかで，それらを代表するものとなり，この意味で「マーケットポートフォリオ」と呼ばれる．表2.6でのR_f-T-Qは，「資本市場線(capital market line, CML)」と呼ばれ，あとに学ぶCAPMの理解には重要なものである．

2.3 マーケットモデル

(1) マーケットモデルの概念とベータ

正の相関関係があっても，それが完全なものでないならば，それらの証券を組み合わせてリスクの分散化ができる．これは，個別証券のリスクの一部が「分散投資によって消去可能なリスク」だからである．このように，個別証券のリスク全体を「総リスク」と呼べば，それは「分散投資によって消去可能なリスク」と「分散投資によって消去不可能なリスク」に分けられる．前者が非システマティックリスク，後者がシステマティックリスクと呼ばれるもので，マーケットモデルを使えばより明快に区別されうる．

いま，証券の投資収益率が次のような「マーケットモデル」によって記述されるとしよう．

$$R_i = a_i + \beta_i R_M + e_i \tag{2.1}$$

ここでのベータ係数の定義式は，以下のとおりである．

$$\beta_i = \frac{\mathrm{cov}(R_i, R_M)}{\sigma_M \sigma_i}$$

この式は，マーコビッツ流のポートフォリオ選択の理論から発展して，シャープが考案した，単一指標モデルないし対角線モデルと呼ばれるものである．本来のマーコビッツのモデルでは，ポートフォリオを構成する複数の証券の投資収益率の相互の関連の大きさを表すのには共分散(相関係数)が使われていたが，この方法だと組み入れ銘柄数が増えるにつれて，計算しなくてはならない数値の個数が莫大なものとなるため，実用的には大きな問題があった．これに対して，シャープのモデルは，以下のような考え方で，この問題の解決をめざしたものである．すなわち，株価一般の動きをみていると，市場(幅広く利用されている株式市場指数で表されるような)の相場の上下の方向と，かなり一致した動きをしていることが，観察される．つまり，それぞれの証券の投資収益率(ここでのR_i)の動きは，大なり小なり，何か一つの「共通の指標」(ここでのR_M)の動きと関係している，と仮定したものである．シャープモデルでは，個々の証券の投資

収益率と共通の指標が線形(すなわち一次,あるいは比例)関係にあると仮定し,またこの「共通の指標」として,市場に存在するすべてのリスク証券を含む「市場ポートフォリオ」への投資収益率(前出(2.1)式のR_M)を採用したものとなっている.個々の証券の投資収益率の,互いの関連性は,この「共通の指標」を経由して表現されることになる.マーケットモデルでは,統計学でいう単回帰モデルの考え方をそっくりそのまま援用している.総リターンのうち,非システマティックな部分が,回帰モデルでの攪乱項,あるいは誤差項と呼ばれるものにあたる.

(2) リスク指標としての意義

(a) リスクの分解: マーケットモデルにおけるα_iやβ_iは,銘柄iに固有の値をとるパラメタであり,定数である.(2.1)式の右辺第3項e_iは,証券収益率の動きのなかで,市場全体の要因の動きによっては説明できない,証券iのみに固有の動きを表す部分である.(2.1)式ではすべての証券の投資収益率にシステマティック(系統的)な影響を及ぼす共通のファクターは「市場ポートフォリオ」への投資収益率だけであると仮定していることから単一指標モデルと呼ばれているのである.これに対してe_iは証券の投資収益率に対する非システマティック(非系統的)な影響が示されている部分を表しているものである.

この(2.1)式は,次のように解釈される.証券の投資収益率は,二つの部分に分解されうる.すなわち,まず,α_iとe_iは市場とは独立した当該証券に固有の部分であり,非市場関連的リターンとか非システマティックリターンなどと呼ばれる.一方,$\beta_i R_M$は市場全般と関連した部分で,市場関連的リターンとか,システマティックリターンなどと呼ばれる.

この関係を式で表せば次のようになる.

$$R_i = [\beta_i R_M] + [\alpha_i + e_i] \qquad (2.2)$$

(トータルリターン=システマティックリターン+非システマティックリターン)

ところで,(2.1)式をみてもわかるように,R_Mが変動したときに当該証券の投資収益率がどの程度変化するかは,β_iの値の大きさに依存している.この意味でβ_iは,市場の変化に対する反応係数と呼ばれ,また,一般にはベータ係数と呼ばれている.

非システマティックリターンについては,そのうちのe_iの部分について,異なった期間の値同士が互いに無関係(つまり独立)であること,および,その期

待値がゼロであること，そして，それが市場要因とは無関係であるということから，次式のような諸関係が前提(仮定)される．

$$E(e_i) = 0.0$$
$$\text{cov}(e_i, e_k) = 0.0 \quad (i \neq k)$$
$$\text{cov}(R_M, e_i) = 0.0$$

ここで，記号の定義として，$E(R_M)$：R_M の期待値，σ_M^2：R_M の分散とすると，(2.1)式の期待値をとることにより，

$$E(R_i) = \alpha_i + \beta_i E(R_M) \tag{2.3}$$

となる．これは右辺の第1項が証券に固有の収益率の期待値，そして第2項が市場関連的リターンの期待値にあたる．次に，(2.1)式の分散を計算すると，

$$\sigma_i^2 = E[(R_i - E(R_i))^2]$$

これに(2.1)式と(2.3)式を代入して整理すると，

$$\sigma_i^2 = \beta_i^2 \sigma_M^2 + \sigma_{e_i}^2$$

となる．右辺の第1項は，(2.2)式における市場関連的リターンないしシステマティックリターンの分散であり，市場収益率(R_M)を正確に予測できないことに起因し，それゆえ市場関連的リスクとかシステマティックリスクと呼ばれる．これに対し，右辺の第2項は非市場的リターンないし非システマティックリターンのリスクを示し，それゆえ非市場関連的リスクとか非システマティックリスクと呼ばれる．これは，個々の証券に固有のリスクである．個別証券の投資収益率の分散を総リスク(あるいはトータルリスク)と呼ぶと，これは，リターンが(2.2)式のように二つの部分に分割されたのに対応して，総リスクが次のように二つの構成要素に分解されることがわかる．

総リスク＝システマティックリスク＋非システマティックリスク
$$= \beta_i^2 \sigma_M^2 + \sigma_{e_i}^2$$

(3) 証券特性線とマーケットモデルによるポートフォリオ効果の検討

証券特性線とは，前項で学習した「マーケットモデル」において，具体的に実際のデータをあてはめて α_i や β_i を計測して得られる直線を意味し，個々の企業ごとに独自のパラメーターをもつ式となる．すでに学習した「ポートフォリオ効果」すなわち分散投資によるリスクの軽減効果は，マーケットモデルを使って検討することにより，より明確に観察されうる．式を使ってその様子を確認しよう．証券特性線の計測にあたっては，回帰分析における回帰式の係数推定で使わ

2.3 マーケットモデル

れる,最小二乗法という方法が用いられる.この方法は比較的平易なもので,定義式(むずかしくはない)をみながら電卓でも計算できるものである.

(a) マーケットモデルと証券特性線: ここで,ベータ係数の計算をしてみよう.表2.3のデータは,ある年の1月から12月までの,A社の月次投資収益率と,同時期の月次市場収益率を示したものである.

A社の第 t 月の投資収益率を R_{At} とし,同月の市場収益率の値を R_{Mt} として,マーケットモデルにあてはめて α_A と β_A の係数の値を,推定することができる.

$$R_{At} = \alpha_A + \beta_A R_{Mt} + e_{At} \tag{2.4}$$

この式において,前述の最小二乗法という手法を用いて,係数推定を行うことができる.

表2.3の投資収益率のデータから回帰分析によりマーケットモデルの係数を求めてみよう.その結果,次のような式が得られる.

$$R_{At} = -0.9882 + 1.3595 * R_{Mt} \tag{2.5}$$

この(2.5)式は回帰式と呼ばれ,これによって表される直線を回帰直線と呼ぶ.この回帰直線が,シャープが呼ぶところの証券特性線である.この結果,A社のマーケットモデルは,

$$R_{At} = -0.9882 + 1.3595 * R_{Mt} + e_{At} \tag{2.6}$$

というものであることがわかる.

ここで,e_{At} は,回帰直線からの隔たりを示し,A社の投資収益率のなかで,市場全般の動きとの関連からは説明できない部分にあたる.表2.4は,ある年のA社の投資収益率の毎月の e_t の値を計算した結果である.

ここで明らかなように,個別証券の投資収益率はそれぞれのベータ係数の大き

表 2.3

	1月	2月	3月	4月	5月	6月	7月	8月	9月	10月	11月	12月
A社 (Y)	2.2	−5.7	0.8	−2.3	3.2	−2.3	−5.6	5.0	−1.9	−6.7	1.8	4.4
市場収益率 (X)	3.0	−3.0	1.0	−0.4	−0.5	−0.4	−0.5	2.1	3.1	−3.5	0.4	2.2

表 2.4

1月	2月	3月	4月	5月	6月	7月	8月	9月	10月	11月	12月
−0.89	−0.63	0.43	−0.77	4.87	−0.77	−3.93	3.13	−5.13	−0.95	2.24	2.40

さに全く依存して決まる．ベータ係数の大きい銘柄は市場が好況の場合はその恩恵を増幅して得られるが，不況の場合のダメージも大きくなることが表2.4からも理解できる．

このようにA社の投資収益率が，システマティックリターンと非システマティックリターン（表2.4の値にあたる）に分解されれば，ここでの総リスクも，市場要因に基づくリターンにかかわるリスク（前者）と，A社に固有の要因に基づくリターンにかかわるリスク（後者）に分解できることとなる．

$$\sigma^2 = 16.55$$
$$= (1.3595)^2 \cdot (2.1331)^2 + 8.14$$
$$= 8.41 + 8.14$$

ところで，前項で次の式が示された．

$$\sigma_i^2 = \beta_i^2 \sigma_M^2 + \sigma_{e_i}^2$$

この式の両辺を σ_i^2 で割ると，

$$1 = \frac{\beta_i^2 \sigma_M^2}{\sigma_i^2} + \frac{\sigma_{e_i}^2}{\sigma_i^2}$$

という形になる．この式の右辺第1項は，i 社の証券の総リスクのうち，システマティックリスクの占める割合を示し，第2項は非システマティックリスクの占める割合を示す．この式にA社の数値を代入すると，次のようになる．

$$1 = \frac{8.41}{16.55} + \frac{8.14}{16.55} = 0.51 + 0.49$$

すなわち，A社の普通株の投資収益率の動きのうちの51%は，市場全般の動きによって説明できることがわかる．

(b) マーケットモデルによるポートフォリオ効果の検討：ポートフォリオ効果（分散投資によるリスクの軽減効果）は，マーケットモデルを使って観察することにより，より明確になる．

いま，N 個の証券を等しい割合（$x_i = 1/N$, $i = 1, 2, \cdots, N$）で含むポートフォリオを考えてみよう．このときのポートフォリオ全体の投資収益率の分散は，次のようになる．

$$\sigma_P^2 = E[(R_P - E(R_P))^2]$$
$$= E\left[\left(\sum_{i=1}^{N} x_i R_i - \sum_{i=1}^{N} x_i E(R_i)\right)^2\right]$$

この式を展開し，整理すると，次のようになる．

$$\sigma_P{}^2 = (x_i\beta_i + x_2\beta_2 + \cdots + x_N\beta_N)^2 \sigma_M{}^2 + x_1{}^2 \sigma_{e_1}{}^2 + x_2{}^2 \sigma_{e_2}{}^2 + \cdots + x_N{}^2 \sigma_{e_N}{}^2$$

ここで，$x_i\beta_i + x_2\beta_2 + \cdots + x_N\beta_N$ はポートフォリオの構成証券の β の加重平均値であるから，これを β_P と書き，そして，$x_i = 1/N$ であることに注意すると，

$$\sigma_P{}^2 = (\beta_P \sigma_M)^2 + \frac{1}{N}(\sigma_{e_1}{}^2 + \sigma_{e_2}{}^2 + \cdots + \sigma_{e_N}{}^2)/N$$

この式の右辺第1項は，このポートフォリオのシステマティックリスクであり，第2項は非システマティックリスクである．この式をみてもわかるように，一般にポートフォリオの構成証券の数を増やしていくと，すなわち K を大きな数にしていくと，右辺第2項はゼロに近づいていく．すなわち，非システマティックリスクは，分散投資によって消去可能なリスクであることが，これで明らかとなる．これに対し，右辺第1項は，K が大きくなってもゼロに近づくことは決してなく，分散投資によっても消去不可能なリスク，システマティックリスクと呼ばれているものである．

3

資本市場理論

3.1 資産価格形成モデル

(1) 資産価格形成モデル (CAPM) とは何か

　CAPM とは capital asset pricing model の略である．これは資本資産価格形成モデルと訳されており，その名のとおり，収益率にリスクを伴う投資対象たる資本資産（その典型的なものが株式である）の価格が資本市場でいかに形成され，そのリスクの大きさに対応して，どのようにそれに見合った投資収益率が期待されるかを表すものである．その一般的な形は以下のとおりである．

$$E(\widetilde{R}_i) - R_f = \beta_{iM}[E(\widetilde{R}_M) - R_f]$$

　この式の意味するところは次のとおりである．

　「市場の均衡状態においては，リスクを伴う投資対象 i への収益率の期待値（左辺）は，平均的な危険資産（マーケットポートフォリオ）への投資に対して市場一般において期待されるリスクプレミアム（右辺の大括弧のなか）とリスクを伴う投資対象 i 自体がもつリスク指標（β_{iM}）の積である．」

　ここで右辺によって与えられる値がトータルリスクプレミアムであり，その大きさは当該危険資産のリスクの大きさ（β_{iM}）に比例するということである．この β_{iM} は市場の変動（具体的にはマーケットポートフォリオの収益率の変動）に対して投資対象 i の収益率が反応する大きさを示すものであるから，市場の変動への反応度が大きい（つまり β_{iM} が大きい）投資対象の方が，反応度の小さい（つまり β_{iM} が小さい）投資対象よりも期待収益率が高いことになる．そしてそのように市場価格は調整されていくだろうということである．ただし，β_{iM} はマーケットモデルにおける回帰係数に対応するものではあるが，そのものではない

(これを CAPM-β と呼ぶ論者もある). ただし, 当該証券の収益率がもつ市場全体への反応度が, そのまま当該証券への投資に付随するリスクプレミアムを決めるというのは, 納得のいくところである. そしてこの CAPM は, 図 2.6 で縦軸と横軸を入れ換えた場合の(しかもそれぞれにおける変数の尺度も若干異なる) R_f-T-Q の「資本市場線」を表す式に対応するものとなっていることに注意したい.

(2) ベータとリスクプレミアム

前述のとおり, CAPM-β はマーケットモデルでの β とは厳密には異なるが, ここでは便宜的にマーケットモデルでの β を CAPM-β として使うこととする. 以下では数値例によりベータの大きさとリスクプレミアムとの関連の検討, すなわち, CAPM によるリスクプレミアムの計算をしよう.

β_{iM}	1.05	0.55	-0.83	1.00	0.00	1.58	-1.33	0.88	1.25	-1.85
$E(R_i)$	10.70	8.70	3.18	10.50	6.50	12.82	1.18	10.02	11.50	-0.90

$$\text{基本となる式}: E(R_i) - R_f = \beta_{iM}[E(R_M) - R_f]$$
$$E(R_M) = 10.5,\ R_f = 6.5$$

この表から, ベータの大小とリスクプレミアムの大きさの関係を確認し, また, リスクプレミアムのパラメトリック分析(ベータの大きさをさまざまに連続的に変えてリスクプレミアムの大きさの変化を確かめること)の確認を行ってみよう.

(3) 他の型の資産価格形成モデル

以上はシャープ・リントナー型の CAPM の概容だが, これに対して R_{ft} という利子率での無限の貸し出し, 借り入れが可能であるという仮定をはずした場合を想定した CAPM が, ブラック (Black), ジェンセン (Jensen) らのモデルであり, 次のような形である.

$$E(\widetilde{R}_{it}) - E(\widetilde{R}_{ot}) = [E(\widetilde{R}_{mt}) - E(\widetilde{R}_{ot})]\beta_{it}$$

ここで, $\widetilde{R}_{ot}$ とはゼロベータポートフォリオへの第 t 期の収益率である(ゼロベータポートフォリオという呼び方に特に意味はない. ゼロベータ資産と呼ぶのがより適切かもしれない). ゼロベータポートフォリオとは $\text{cov}(\widetilde{R}_{ot}, \widetilde{R}_{mt}) = 0$, すなわちシステマティックリスクがゼロであるポートフォリオで, 次のように算出される.

図 2.5 における弧 N-Z 上に位置するポートフォリオは，有効ポートフォリオと呼ばれた (同一リスクレベル中で最も期待収益率が高い，あるいは同じ期待収益率のクラスのなかで最もリスクが小さい，という意味). マーケットポートフォリオももちろんこのなかに含まれるが，ここで m という一般的なポートフォリオについていえば，個別銘柄 i への投資比率 X_{im} は,

$$E(\widetilde{R}_i) - E(\widetilde{R}_m) = S_m \left[\frac{\sum_{j=1}^{n} X_{jm} \sigma_{ij}}{\sigma(\widetilde{R}_m)} - \sigma(\widetilde{R}_m) \right] \quad (3.1)$$

という条件を満たすものである (この式を含めた，ゼロベータポートフォリオの導出過程の詳細については，F. Black (1972)の pp. 446-450 参照).

ここで，S_m は，ポートフォリオ m に対応する効率的フロンティア上の点における，ポートフォリオの収益率の標準偏差の変化に対する，ポートフォリオの収益率の期待値の変化の比率である．このモデルの含意は，それがポートフォリオ m のなかの資産 i のリスクと，その資産への期待収益との関係を示す，ということである．

すなわち，資産 i とポートフォリオ m の期待収益の差は，それらのリスクの差に比例するということである．比例係数 S_m は，ポートフォリオ m に対応する，効率的フロンティア上の点における，その傾きである．ここで $X_{jm} \geq 0$ という条件が課されず，から売りが無限に可能であると仮定しよう．そして，

$$\beta_i \equiv \frac{\text{cov}(\widetilde{R}_i, \widetilde{R}_m)}{\sigma^2(\widetilde{R}_m)} = \frac{\sum_{j=1}^{n} X_{jm} \sigma_{ij}}{\sigma^2(\widetilde{R}_m)} = \frac{\text{cov}(\widetilde{R}_i, \widetilde{R}_m)/\sigma(\widetilde{R}_m)}{\sigma(\widetilde{R}_m)} \quad (3.2)$$

を (3.1) 式に代入すると,

$$E(\widetilde{R}_i) = [E(\widetilde{R}_m) - S_m \sigma(\widetilde{R}_m)] + S_m \sigma(\widetilde{R}_m) \beta_i \quad (3.3)$$

となる．

このとき，β_i はポートフォリオ m 内での資産 i のリスクを，m 全体のリスク $\sigma(\widetilde{R}_m)$ に対して測ったものと解釈できる．(3.3) 式の切片 $E(\widetilde{R}_m) - S_m \sigma(\widetilde{R}_m)$ は，$\widetilde{R}_m$ との収益率の相関がゼロである株式 (あるいはその複合物たるポートフォリオ) の期待収益率ということになる．それはすなわちベータがゼロであることを意味する．$\beta = 0$ ということは，それが $\sigma(\widetilde{R}_m)$ に対して何ら寄与しないということだから，その i という資産は，ポートフォリオ m との関連においては危険がゼロだ，ということは正しい．しかしながら (3.2) 式からわかるように，

$\sum_{j=1}^{n} X_{jm}\sigma_{ij}$ のうちの $X_{im}\sigma_{ij}=X_{im}\sigma^2(R_i)$ というのも, β_i のなかの $j=1\sim n$ までの n 項のうちの一つだから, それはポートフォリオ m 全体としては分散化 (diversify) されるとしても, $\beta_i=0$ ということ自体が, すなわち資産 i の収益率の分散がゼロであることを意味するわけではない (すなわち, 理論上はシステマティックリスクがゼロだが, アンシステマティックリスクはある, ということである).

$$E(\widetilde{R}_o)\equiv E(\widetilde{R}_m)-S_m\sigma(\widetilde{R}_m)$$

とおくと,

$$S_m=\frac{E(\widetilde{R}_m)-E(\widetilde{R}_o)}{\sigma(\widetilde{R}_m)} \tag{3.4}$$

となるから, (3.3) 式は,

$$E(\widetilde{R}_i)=E(\widetilde{R}_o)+[E(\widetilde{R}_m)-E(\widetilde{R}_o)]\beta_i \tag{3.5}$$

となる.

(3.5) 式は, 「株式 i の収益期待値は, $E(\widetilde{R}_o)$ すなわちポートフォリオ m においてリスクがない株式の収益期待値と, リスクプレミアム, すなわち $E(\widetilde{R}_m)$ と $E(\widetilde{R}_o)$ の差を β_i 倍したものの和」ということを意味している.

このポートフォリオ m をマーケットポートフォリオと考え, それを M と表すことができる. いままでの議論は m が有効ポートフォリオならば成り立つものであり, マーケットポートフォリオももちろん有効ポートフォリオであるから, m を M に置き換えても (3.5) 式は成り立つ.

$$E(\widetilde{R}_i)=E(\widetilde{R}_o)+[E(\widetilde{R}_M)-E(\widetilde{R}_o)]\beta_i \tag{3.6}$$

この式が, ブラック, ジェンセンらの CAPM である. これは, ブラック・ジェンセン型の CAPM と呼ばれることがある.

ここでの $\widetilde{R}_o$ なる収益率をもつ資産は, 理論上の産物で, 現実には存在しない. このことから, ブラック, ジェンセン, ショールズ (Scholes) らは, $E(\widetilde{R}_o)$, $E(\widetilde{R}_m)-E(\widetilde{R}_o)$ をひっくるめて推定してしまうために, 特別なモデルを使用したのである. これにより $E(\widetilde{R}_o)$ なる値を, 個別的に推定する必要はなくなる. なお, ファマ, マクベス (Macbeth) らの研究その他の例では, $\widetilde{R}_{ot}$ を $\widetilde{R}_{zt}$ とし, マーケットモデルにおける第二マーケットファクターと呼んでいる. シャープ・リントナー型の CAPM とブラック・ジェンセン型のそれのどちらが正しいのか,

というのは,いまのところどちらともいえない.双方の違いは仮定の違いだけだからである.実証研究においても,そのどちらを使うにしても,このことはことわっているのがふつうである.

3.2 効率的市場仮説

この15年間の,米国からの先端的な投資資金運用トゥールの導入は,わが国の従来の投資の実務界に大きな変革をもたらした.そこで導入された運用トゥール,および海外の運用機関との提携によってもたらされた新しい運用の考え方のほとんどすべては,いわゆる現代ポートフォリオ理論 (modern portfolio theory, MPT) の考え方に依拠するものであったといえる.以下では,このMPTの重要な前提である効率的市場仮説とその意義を検討する.

(1) 効率的市場仮説とその意義

「市場の効率性」とは market efficiency の訳語である.あるいは効率的市場仮説 (efficient market hypothesis, EMH) とも呼ばれる.ここでいう「効率性」という用語は,通常,すなわち市場に関して以外の意味で使われるときには「インプットとアウトプットの間に最もよい関係(結びつき)が成り立っていること」を示す.では,このような意味をそのまま市場にあてはめるならば,どういう表現になるだろうか.

「市場に投入された諸資源が,市場機構を通じて配分されるとき,配分されたあとの状態がその時点で最適な状態になっているなら,その市場は効率的といえる.」

このように表現した場合,「最適な状態」というのはもちろん,パレート最適のことをさすことになる.そして,資源配分における効率性ということばは通常このような意味で用いられる.ここではこれを "allocative な efficiency" と呼ぶことにする.

ここでこのように特別に "allocative" という部分をつけ加えたのには理由がある.すなわち,市場の効率性自体について論じている過去の論文が,このような意味あいを前面に押し出してはいないからである.シカゴ大学のユージン・ファマに代表される,この種の研究の発端となる論文を発表し (E. Fama, L. Fisher, M. Jensen & R. Roll (1969)),現在まで研究の流れの中心的な役割を果たしてきているグループによる市場の効率性の表現は,共通して次のような叙述と

3.2 効率的市場仮説

なっている.

「すべての価格が,利用可能な全情報を完全に反映し,その結果,諸価格はいかなる新しい関連情報をもすみやかに取り入れる.」

これをより明示的に表すために,ファマによるモデルを使って表現すると,次のようになる(ここでは株式市場を例としている).

まず,関連したすべてのイベントが,時間的に離散的な時点, $t, t+1, \cdots$ に起こるものと仮定する.そしてあらかじめ,次のような定義をしておく.

ϕ_{t-1}: 時点 $t-1$ に利用可能な情報の集合.なおこの情報は時点 $t-1$ においての株価を決定するのに関係する.

$\phi_{t-1}{}^m$: 時点 $t-1$ における株価を決定するのに市場が使う情報の集合.つまり, $\phi_{t-1}{}^m$ は多くとも ϕ_{t-1} のなかの情報全体であり,それ以下のこともある.

$P_{j,t-1}$: 時点 $t-1$ における第 j 株の価格. $j=1\sim n$ で n は市場内の株の銘柄数.

$f(P_{1,t+\tau}, \cdots, P_{n,t+\tau}|\phi_{t-1})$: 情報 ϕ_{t-1} により「示唆される」時点 $t+\tau$ $(\tau, 0)$ における諸株価の,「真の」結合確率密度関数.

$f_m(P_{1,t+\tau}, \cdots, P_{n,t+\tau}|\phi_{t-1}{}^m)$: 情報 $\phi_{t-1}{}^m$ に基づいて時点 $t-1$ において市場によって評価(assess)された,時点 $t+\tau$ $(\tau, 0)$ における諸株価 $(P_1\sim P_n)$ の結合確率密度関数.

表示記号を取り扱いやすくするために, f と f_m に出てくるアーギュメントの $P_{1,t+\tau}, \cdots, P_{n,t+\tau}$ (n 種の銘柄の価格)は時点 $t+\tau$ における株式の価格プラス $t+\tau$ におけるすべての利子,配当などの支払いをも含めることとする.ただし,価格 $P_{1,t-1}, \cdots, P_{n,t-1}$ は,まさしく時点 $t-1$ における現実の価格であるとする.すなわち上のような意味をもたせるのは $\tau>0$ の場合のみ,つまり将来の P についてのみとする.

ここでの,時点 $t-1$ に利用可能な情報集合 ϕ_{t-1} は,時点 $t-1$ における「環境の状態」と呼ばれるもの(関連したすべての変数の現在・過去の値,そしてそれら変数の間の関係)を包含する.また, ϕ_{t-1} は ϕ_{t-2} を,そして ϕ_{t-2} は ϕ_{t-3} をというように,一般に $\phi_{t-\tau}$ は $\phi_{t-\tau+1}$ に含まれるものとする(つまり $\phi_{t-\tau}$ は $\phi_{t-\tau+1}$ の部分集合).だから $\phi_{t-\tau}$ は $t-1$ における諸変数の値およびそれらの間の関係のみならず,過去におけるそれらの関係,そしてさらに過去のそれらと現在のそれらとの関係についても,知られるものはすべて含んでいると仮定する.

ここでは ϕ_{t-1} が与えられるときの，その，将来時点における株価の結合確率密度関数に関する含意を考えることにより，価格形成の過程を表すこととする．つまり，ϕ_{t-1} が結合確率密度関数 $f(P_{1,t+\tau}, \cdots, P_{n,t+\tau}|\phi_{t-1})$; $\tau=0,1,\cdots$，を示唆するものと仮定する．

以上の予備的定義のもとでファマは，時点 $t-1$ における価格形成の過程を，次のような段階的なプロセスに分けることにより述べている．

1) ϕ_{t-1} が形成される(利用可能となる)．
2) ϕ_{t-1}^m が決まる．
3) ϕ_{t-1}^m に基づいて，市場が，時点 t における諸株価の結合確率密度関数 $f_m(P_{1t}, \cdots, P_{nt}|\phi_{t-1}^m)$ を評価する．
4) 上の結合密度関数により，個々の株式の価格が適切な値に決まる ($P_{1,t-1}$, $P_{2,t-1}, \cdots, P_{n,t-1}$ の決定)．

「適切な」価格とは何らかの市場均衡モデルにより決定される価格で，そのモデルは時点 t における諸価格の結合分布の特性に基づいたときの，あるべき均衡価格を決定するモデルである(ここでの「均衡」はふつうの経済学的な意味であり，時点 $t-1$ における市場均衡とは投資家たちによる各株式への需要が，株式の発行済供給量と等しくなっている状態を意味し，そのときの諸株式の価格がいま述べた $P_{1,t-1}, \cdots, P_{n,t-1}$ にあたる)．

ここで市場が「評価する」というのは一つの隠喩であり，「市場が何々する」という表現により，個々の投資家たちによる意思決定とそれらの意思決定が価格を決定する際に起こる相互作用の筋道を要約するものである．

このような均衡価格形成の過程において，市場が効率的である，ということはどの部分に関係するか．ファマは上のようなモデルを述べたあと，それに従って次のように述べている．

1)〜2) において $\phi_{t-1}=\phi_{t-1}^m$ であること … ⓘ
3) において，$f(P_{1,t}, \cdots, P_{n,t}|\phi_{t-1})=f_m(P_{1,t}, \cdots, P_{n,t}|\phi_{t-1}^m)$ であること … ⓘⓘ

すなわち，市場において利用可能な情報はすべて利用しつくされ，しかもそれらの情報が，諸株価の結合確率密度関数を評価する際に「正しく」利用されるということである．

以上のような意味，論理の展開において市場の効率性を表現することは，確かに，それなりに一つの考え方であるように思われる．では，このように情報に関

する面を強調し，それについて効率的であるということは，資源配分上の意味からはどのように関係づけられるのか．ファマはこの点について次のように述べている．

　効率的な市場においては価格が利用可能な情報をすべて反映するから，諸価格が資本の(資本市場の場合)配分の正確なシグナルとなる．すなわち，企業が活動の資金を調達するために証券を発行するとき，企業は「正しい」価格を得ることを期待することができるし，また投資家の方は，企業の活動の所有権を示す証券を選択するとき，自分が「正しい」価格で支払いをしているという仮定のもとで選択できるのである．言い換えれば，資源配分に際して資本市場が円滑に機能するためには諸株式の価格はその価値を完全に示すものでなくてはならない．

　つまり，ファマのいう効率性は情報を価格が反映することにより，資源の"allocative な efficiency"が達成される，ということを「間接的に」述べたものといえる．間接的というのは，ファマのいっている意味での効率性がそのまま配分的効率性には結びつかないと思われるからである．

　たとえば，証券市場についていうならば，配分的効率性の尺度の一つとして，均衡価格の変化が予測されるときの「成功度」というものが考えられる．これは言い換えれば，得られている諸投資結果が，その決定の行われた時点で利用可能であった情報，あるいはその時点で利用できるはずであった情報を使って達成可能な最高の結果であるか，ということであり，予測能力が完全であれば得られることになる．しかし，利用可能な情報をすべて価格が反映しているからといってそれが直接資源配分を効率的にすることには結びつかない．すなわち，株価がどのようにして，諸ファンドを最も有利な用途へ結びつけるための適切なガイドラインを供給するか，ということまでは，ファマの定義している意味では触れてはいないからである．先にあげた予測能力(分析能力)と，ファマの定義した意味での効率性がそろって初めて，この場合(証券市場の例で)の，配分上の効率性が達成されるのである．

　このような理由から，ファマの表現した効率性を information-efficient と区別して呼ぶことが厳密な意味で正しいと思われ，実際，そのように呼んで，information-efficient capital market という用語を使っている論文が見受けられるので (R. Eskew & W. Wright (1976), N. Gonedes (1976), P. Griffin (1976) など)，以後この information-efficient という呼び方を，必要に応じて使っていく

ことにする.

information efficiency (以後,情報効率性と記す) は,前述のとおり,予測・分析能力といっしょになって,すなわち利用可能な情報を価格が反映して(あるいは言い換えれば諸価格の結合密度関数が正しく評価されて),さらにもう一方で,それらの利用可能な情報を使った完全な予測能力が働かされて投資が行われ,配分的効率性へとつながることになるが,少なくとも現在のところ配分的効率性を直接的に知る方法あるいは尺度として,説得力あるものが知られていないことから,情報効率性をもって配分的効率性の目安としていることがある.しかし,この場合あくまでも情報効率性が検証されたとしても,それ自体は配分的効率性に関しては「間接的」な検証にしかなっていないことに注意していなくてはならない.

さて,先にも述べたとおり,市場の効率性に関する研究はファマに代表される,情報効率性を直接の対象とするものである.そこでの効率性のテストは,「株価が利用可能な情報をすべて反映する市場は効率的と呼ばれる」という定義に従い,その十分条件たる「株価が利用可能な情報をすべて反映する」が成り立つかどうかを確かめ,成り立っていれば(情報)効率的である,と結論することとなっている.

このような情報効率性は,実は配分的効率性にとっては必要条件であることに注意しなくてはならない.すなわち,市場が配分効率的(allocative efficient)であると想定した場合,そのような市場で必ず満たされている状態がこのような条件だ,ということである.そしてファマらのテストは,まず情報効率的市場の十分条件の成立を確かめ,それによって今度は配分的効率性の成立可能性をうかがうものである,と解釈するべきものである.

ところが,しばしばこれらの関係をさして「市場において価格が利用可能な情報をすべて反映していれば,市場が配分効率的であるといえる」と解釈していることがある.これは(このままでは)誤りであるといわざるをえない.利用可能な情報を完全に反映していることがすなわち配分効率的な市場にとっての十分条件でない限り,上の叙述は正しくない.

このように,対象となる条件の性格のゆえに,ファマによるテストは,配分効率性のテストとしては(情報効率性を途中に介した)間接的なものであることが再び確認される.現実にその情報効率性の十分条件が成立したならばすぐにそれ

によって市場が配分効率的であるとはいえないのである．むしろ，それは配分的効率性の存在という仮説が支持される(棄却されない)という意味においてとらえられるべきであろう．

(2) 効率性の検証可能性

もう一つの，そして市場の効率性に関する議論において最も大きな問題点は，ファマによる効率性の定義が，検証可能なものかどうか，ということである．

先の定義をまとめると次のようになる．

$$f(P_{1,t}, P_{2,t}, \cdots, P_{n,t}|\phi_{t-1}) = f_m(P_{1,t}, P_{2,t}, \cdots, P_{n,t}|\phi_{t-1}^m) \tag{3.7}$$

この定義は確かに，あまりに一般的すぎて具体的に何を意味するのかは，これだけではわからない．ファマによる議論に対する批判も実にこの点に集中しているのである．

市場の効率性をテストするには，$f_m(P_{1,t}, P_{2,t}, \cdots, P_{n,t}|\phi_{t-1}^m)$ と $P_{1,t}, P_{2,t}, \cdots, P_{n,t}$ の間を結びつけるものが必要である．時点 $t-1$ における均衡価格(超過需要がゼロとなる価格)と，市場が評価する，将来価格の分布を結びつけなくてはならないのである．これは市場の効率性のテストに共通な面である．そして結局このことから，市場の効率性のテストは何らかの市場均衡モデルに基づいたものにならねばならず，その意味ですべてのテストが，市場の効率性と市場均衡モデルのジョイントテストとなる．

ファマは次のようなプロセスにより，この問題を処理している．彼は市場均衡の状態が，収益期待値を使って(何らかの形で)表されうると仮定する．

市場が評価する分布 $f_m(P_{1,t}, P_{2,t}, \cdots, P_{n,t}|\phi_{t-1}^m)$ の特性が，諸株式の均衡期待収益を決定し，そして市場はその収益期待値が(すなわち，市場において実現する収益の期待値が)均衡値と等しいと見なせるように，諸株式の価格を設定するのである．これを彼は次のように表す．

「市場は，時点 $t-1$ における株式 j の価格 $P_{j,t-1}$ を，次のように設定する．

$$P_{j,t-1} = \frac{E_m(\widetilde{P}_{j,t}|\phi_{t-1}^m)}{1 + E_m(\widetilde{R}_{j,t}|\phi_{t-1}^m)} \tag{3.8}$$

ここで，$E_m(\widetilde{R}_{j,t}|\phi_{t-1}^m)$；$f_m(P_{1,t}, P_{2,t}, \cdots, P_{n,t}|\phi_{t-1}^m)$ により示唆される株式 j への均衡期待収益，$E_m(\widetilde{P}_{j,t}|\phi_{t-1}^m)$；時点 t における株式 j の価格の，市場が評価した期待値．しかし，$\widetilde{P}_{j,t}$ 自体は自然に生成される，つまり価格の真の分布 $f(P_{1,t}, P_{2,t}, \cdots, P_{n,t}|\phi_{t-1})$ から引かれてくるものである．$E(\widetilde{P}_{j,t}|\phi_{t-1})$ が $f(P_{1,t},$

$P_{2,t}, \cdots, P_{n,t}|\phi_{t-1})$ により示唆される真の価格期待値であるとし，$E(\widetilde{R}_{j,t}|\phi_{t-1})$ が $P_{j,t-1}$ と $E(\widetilde{P}_{j,t}|\phi_{t-1})$ により示唆される真の収益期待値であるとすると，もし市場が効率的ならば，

$$E(\widetilde{P}_{j,t}|\phi_{t-1}) = E_m(\widetilde{P}_{j,t}|\phi_{t-1}{}^m) \tag{3.9}$$

$$E(\widetilde{R}_{j,t}|\phi_{t-1}) = E_m(\widetilde{R}_{j,t}|\phi_{t-1}{}^m) \tag{3.10}$$

が成り立つはずである.」

　ファマの理論展開に対する批判はこの点，すなわち(3.8)式に集中している.

　市場が効率的であるとして，(3.9), (3.10)式を(3.8)式に代入し，整理すると次のようになる.

$$E(\widetilde{P}_{j,t}|\phi_{t-1}) = [1 + E(\widetilde{R}_{j,t}|\phi_{t-1})]P_{j,t-1} \tag{3.11}$$

ところが，収益率の定義は(配当も考慮している),

$$\widetilde{R}_{j,t} = \frac{\widetilde{P}_{j,t} - P_{j,t-1}}{P_{j,t-1}}$$

$$P_{j,t-1} \cdot \widetilde{R}_{j,t} = \widetilde{P}_{j,t} - P_{j,t-1}$$

$$\widetilde{P}_{j,t} = P_{j,t-1} \cdot \widetilde{R}_{j,t} + P_{j,t-1}$$

ここで ϕ_{t-1} が与えられたものとして，期待値をとると，

$$E(\widetilde{P}_{j,t}|\phi_{t-1}) = P_{j,t-1} \cdot E(\widetilde{R}_{j,t}|\phi_{t-1}) + P_{j,t-1}$$

これは(3.11)式と一致することから，このままでは(3.11)式は全く何の意味ももたない，というのである(S. LeRoy (1976) による批判). このことは(3.8)式に対しても，このような定式化が，実は何をも意味してはいないのだという批判につながっている. そして，この(3.11)式において右辺の括弧のなかに入っている $E(\widetilde{R}_{j,t}|\phi_{t-1})$ が何らかの形で特定化されない限り，この式は何も仮定していることにはならないし，何の制約も，投資収益率に課してはいないのだ，としている.

　しかし，市場の効率性自体は $f_m(P_{1,t}, P_{2,t}, \cdots P_{n,t}|\phi_{t-1}{}^m)$ の特性がどのようにして均衡期待収益 $E_m(\widetilde{R}_{j,t}|\phi_{t-1})$ を決定するかについては特に何も規定してはいないことに注意しなくてはならない. これは市場均衡モデルの領域である. したがって，何らかのそのようなモデルが必要とされることは確かだが，どのような市場均衡モデルが選ばれるかは，市場の効率性の条件によって制約されるわけではない. この意味で上の批判は，ファマによるモデルのうちのある特定の例について，それが全く異なったモデルであるとの誤った理解のもとで，議論している

3.2 効率的市場仮説

にすぎないと思われるのである.

　市場の効率性をテストする方法は，先のファマの展開による(3.10)式に基づいて，大別すると，一般的には二つの次のようなアプローチがある．一つは(3.10)式の一つの含意によるものであり，「市場が効率的ならば情報はすみやかに株価に反映され，その結果，異常な期待収益をあげられる売買ルールは存在しない」というものである．このことは，

$$\widetilde{Z}_{j,t} = \widetilde{R}_{j,t} - E(\widetilde{R}_{j,t}|\phi_{t-1})$$

と定義したとき，

$$E_m(\widetilde{Z}_{j,t}|\phi_{t-1}) = 0 \quad \text{for all } j$$

であることを意味する．つまり「適切な」価格でない株式を見つけることはできない，そのような株式はない，ということである．あるいは，情報 ϕ_{t-1} に基づいて，時点 $t-1$ において個々の株式に振り向けられるべき投資ファンドの比率 $\omega_j(\phi_{t-1}), j=1,2,\cdots,n$ を決める何らかの売買ルールがあるとして，もしこのとき市場が効率的ならば，(3.10)式から，

$$\sum_{j=1}^{n} \omega_j(\phi_{t-1}) E(\widetilde{R}_{j,t}|\phi_{t-1}) = \sum_{j=1}^{n} \omega_j(\phi_{t-1}) E_m(\widetilde{R}_{j,t}|\phi_{t-1}{}^m) \qquad (3.12)$$

すなわち，そのようないかなる売買ルールによる収益率の期待値も，その情報集合により示される配分比率による，均衡期待収益の一次結合だ，ということである．均衡期待収益の値が何らかの方法で(たとえばシャープ・リントナーの均衡資産価格決定モデルによって)与えられたとしても，もし(3.12)式が成り立たないような売買ルールが見つけられたならば，(3.10)式は成り立たないことになり，市場は効率的でないことになる．これで(3.10)式は検証可能な命題となる．

　市場の効率性のテストのもう一つのアプローチは，やはり(3.10)式の含意によるもので，市場が効率的なら，時点 $t-1$ に新しく利用可能となった情報を使って株式 j の期待収益を適切に評価したならば，その期待収益は新しい情報をすべてすみやかに反映し，その結果，その期待収益は，均衡期待収益とは違うはずがない，というものである．

　より一般的にいうと，時点 $t-1$ に利用可能なある特定の情報をとり，それを使って，その新情報の公表によって生じる現実の収益率の値の，その(仮定された)均衡期待収益からの偏りを確認し，そしてその調整の様子を調べる．これで

また (3.10) 式は，一つの検証可能な命題になっているわけである．

ところで，このような市場の効率性に関する議論は，その発端からの推移をたどっていくとわかるように，個々の研究者ごとにもっている問題意識（あるいは研究の目標といった方が適切かもしれない）は，必ずしも共通ではない．言い換えれば，効率的市場理論は彼らにとっては単に一つのツールであり，彼らが本来もっている意図を達成するための1ステップとして，効率的市場理論を利用しているのである．もちろん，このような利用のためには，それが検証可能なものでなくてはならないことはいうまでもないわけであり，実際，次項で述べる効率的市場理論によるインプリケーションは，いずれも CAPM を中心とした具体的な検証モデルをもとにした（あるいはそれらを前提とした）ものとなっている．前述のとおり，CAPM 自体は効率的市場理論とは直接は関係ないが，何らかの市場均衡モデルがないと，効率的市場理論は操作可能なものにはならない．その意味では効率的市場理論にとっては，市場均衡モデルは不可欠なものである．

次に，これらの市場の効率性の議論によるインプリケーションを，概説的にたどってみることにしよう．

(3) 市場の効率性によるインプリケーション概説

すでに明らかなことではあるが，2パラメター型の CAPM の存在は，効率的市場理論にまつわる議論にとっては欠くことのできないものである．この両者がそろって初めて，現実の資本市場におけるさまざまな状態関係を一般的に記述することができるのであり，その結果として種々の立場にある意思決定者にとっても多様なインプリケーションが得られることとなる．ここでは大きく分けると3種類の異なった分野の意思決定者にとってのインプリケーションが考えられる．

まず第一にあげられるのは，証券投資管理に対するインプリケーションである．投資ポートフォリオ作成の際には，実体価値よりも低い価格がつけられている個別証券を探し，組み入れることが当然のことながら目標の一つになる．わが国においても，生命保険会社をはじめとする数多くの，いわゆる「機関投資家」が，実体価値とかけはなれた価格のついている証券がどのようにして出現するかという，一種のパターンを発見することを一つの目的として，経済全体，産業そして企業などに関する，おびただしい量の統計・情報を処理する分析者を，多数擁している．そして現在でも，金融機関が中心となって公表されている，上場企業をはじめとする各種企業の財務データを使って，多数のサンプルによる経営分

析が至るところで行われている．しかし，結論を先にいってしまうと，少なくとも米国の資本市場については，公表された情報の利用という意味では，言い換えれば当該時点での均衡収益率の基礎となる，投資収益率の結合確率密度関数を評価する際には，市場では，利用可能な情報がすべて使われるという意味では効率的だ，という幅広い検証結果が発表されているのである．このことはすなわち，証券の選択に対しては，いわゆるチャーティストによるアプローチとか，基本的分析 (fundamental analysis) などと呼ばれる方法が概念としてはもちろんのこと，現実のテクニックとしても全く存在価値を否定されてしまうことを意味する．つまり，内部情報を別とすれば，少なくとも公表されている情報を加工するだけでは，平均的には何ら超過収益は獲得しえないということである．

だとすれば，危険回避的な，期待効用極大型の投資家にとっては，市場全体の期待が変化しない限りにおいては，苦心して最適なポートフォリオを編成することも，有名な証券会社が扱っている投資信託を2種類混合することも全く無差別だ，ということになってしまう．より正確にいえば，市場が効率的でしかも証券の価格が2パラメター型の CAPM によって決まるのならば，有効ポートフォリオ (efficient portfolio) というものはすべて，最小分散ゼロベータポートフォリオとマーケットポートフォリオを組み合わせたものですべて事足りてしまうということである．だから，このように市場の完全性を含む効率的市場理論のもとでは，ポートフォリオ作成の問題というのは，適切な期待収益と分散を維持しつつ，ゼロベータポートフォリオとマーケットポートフォリオを組み合わせて，最適なポートフォリオをつくる，という単純な問題に帰着してしまう．

このように，市場が効率的でしかも証券の価格が2パラメター型の CAPM により決定されるとき，現代のポートフォリオ理論そのものは，個人個人が保有するポートフォリオの最適な構成については，細かな指示は全く与えてくれないことになる．ただ，資本市場理論としては，いろいろなポートフォリオの投資成績を評価するためのフレームワーク，そしてさらに証券アナリストや市場での予測を行う専門家のパフォーマンスを評価するためのフレームワークを与えてくれる，という点では価値を認めることはできるであろう．特に，専門的な投資機関がはたして市場一般より優れた投資成績を，平均的にあげているかを調べることができるということは評価されてよいと思われる．

このような，証券投資にとってのインプリケーションは，さらにそこでの利用

可能な情報の質,あるいは利用可能性の程度によって次表のように分類される.そしてそれは,市場が効率的であるかどうかに関するテストの種類の分類ともなる(以下の主張は,津村,榊原,青山(1993)のp.419以下による).

効率性テストの種類	情報の種類	情報の例
(Ⅰ) ウィークフォーム (weak form)	過去の株価系列	ケイ線,フィルタールール,相対強度,短期の相関など
(Ⅱ) セミストロングフォーム (semistrong form)	利用可能なすべての公開情報	利益予想,配当予想,株式分割の予想など
(Ⅲ) ストロングフォーム (strong form)	利用可能なすべての公開・非公開情報	インサイダー情報,証券アナリストの予想,プロフェッショナルマネジャーの運用成績

(Ⅰ) ウィークフォームテストでの効率性が支持されるということは,過去の株価情報に基づく投資戦略は無効であることを示唆する.たとえば,ケイ線などのチャートによっていわゆるテクニカル分析を実施しても,そのような分析によってもたらされる情報はすでに株価に織り込まれており,その情報に基づく投資戦略は市場平均以上のリターンをもたらすほど有効ではないことになる.すなわち,市場は過去の株価については効率的に情報処理を行っているということである.

(Ⅱ) セミストロングフォームでの効率性が支持されるとすれば,新聞・雑誌などに公表される利益や配当などのファンダメンタルズ情報を用いた投資戦略によっても追加的リターンは獲得しえないことを意味する.また,株式分割,M&Aなどの資本項目の移動に関する情報が公開された段階でいかなる投資戦略を講じてもやはり追加的なリターンの獲得は困難であることを意味している.

(Ⅲ) ストロングフォームでの効率性の検証は,必ずしも容易ではない.ストロングフォームでの検証を行うためには,まずインサイダー(非公開)情報とその情報に基づくリターンが(市場平均を上回るという意味で)超過収益をもたらしているか否かを確かめなければならないが,それは原則として不可能である.インサイダー情報を,事後的な検証のためとはいえ,特定化することはおよそ不可能であるといっても過言ではないからである.

効率的市場理論によるインプリケーションが大きな意味をもつ二つ目の研究分野としては会計学があげられる.そのインプリケーションを要約すると次のようになる.それは情報のコストを無視すれば,収益,費用あるいは資産などの諸項

3.2 効率的市場仮説

目の処理を会計学的にいかに適切なものにするか,という議論は,その種の情報を利用する者にとってはほとんど利益を与えてくれない,ということである.すなわち,たとえば同一の会計情報に関して,諸企業が異なった方法で処理を行い外部に報告したとしても,投資家は,当該企業の真の状態を正しく見きわめる能力をもっている.

言い換えれば,会計情報の処理方法に差異があったとしても,投資家行動にはほとんど差異は現れないということである.そしてこのことは,株式市場が効率的であることによる大きなインプリケーションとして,会計データの一つの有効な利用方法を与えてくれるのである.すなわち,株式の諸特性,特にそのシステマティックリスクの形成要因としての,各企業の財務データは,市場内での株式評価に役立てられるということである.そしてこれはそのまま財務論にとってのインプリケーションにもつながるのである.

企業財務に対して効率的市場理論が与えてくれる第一のインプリケーションは,投資決定における資本コストに関してであろう.

CAPMによって示される期待収益率 $E(\tilde{R}_{jt})$ は,投資対象となっている投資プロジェクトがもつシステマティックリスクに対応した均衡収益率であり,それは資本コスト(カットオフレイト)および割引率として利用されうるからである.企業の投資決定というものは本来,新しい証券を発行すべきか否かという類の資金調達決定と同時に考察されるべきものであり,そしてそこにおいては新規発行証券は,その資金により行われる投資プロジェクトの収益に対する一種の請求権にあたるものと考えることができる.CAPMにおける β は,その際のリスクプレミアムの大きさを決める重要な変数であり,このような形での資本コストの規定は,従来の伝統的な分析すなわち,投資決定におけるカットオフレイトとして種々の資金源泉のコストを合成したものを利用するという方法とは好対照をなしている.

さらに,規制産業における「適正利益率」の算定についても,CAPMはインプリケーションを与えてくれる.すなわち,法的基準としての「適正」の意味は,「同一のリスクをもった他の産業における投下資本利益率(ROI)に対応した,資本利益率」ということであり,リスクというものが適切かつオペレーショナルに定義されれば適正利益率はCAPMに従って算出される,ということである.ということは逆にいえば,リスクというものの内容を適切に特定化せずには,適正

利益率の問題を処理することはできないということである．利益率にかかわる規制において，標準的に用いられるアプローチは，利益比較およびDCF法であるとされているが，いずれにしても資本市場内における諸投資家のミクロ的意思決定による行動を斟酌してはいないという点で，適正利益率の推定方法としては説得力に乏しい．もっとも，政策当局としては，問題にしうるような典型的なケースがあったとしても，そのケースが教えてくれる，経験的なリスクと期待利益との関係を正しくつかむことができなければ，利益比較やDCF法などに結局頼ってしまうことになる．

このように，CAPMも効率的市場理論も，最終的には現実の資本市場の種々の財務的関係を説明し，あるいは予測するのに役立つかどうかという見地から評価されるべきである．その意味ではCAPM，効率的市場理論ともに現実を完全に正確に記述したものではないにしても，資本市場内での事象を説明し，予測し，あるいはさらに，それらへ洞察を加える手段として大変頑健(robust)なモデルを提供してくれるわけであるから，ファマの述べるように，「私の知る限りでは，他のいかなる資本市場モデルよりも，2パラメター型のCAPMは現実の収益率のデータを適切に記述しうるということが，このモデルの有用性を主張する大きな根拠となっている」ということになる．

おびただしい数の市場効率性に関する実証研究の大半は，大雑把にいえば，市場の効率性を支持するものであった．少なくとも，後述するような「市場アノマリーズ」に関する実証研究が旺盛に出現してくる1970年代後半までに発表された研究者の実証成果は，ほとんどが効率性を支持するものばかりであったといってもよい．

そこで，しばしば代替的な情報として想定されるのが，プロフェッショナル(専門的)に運用されているミューチュアルファンドや投資信託ファンドのマネジャーの運用能力ないしは専門家としての証券アナリストの売買推奨などである．専門的職業人としてのファンドマネジャーや証券アナリストは，一般的な投資家に対して相対的に内部情報へのアクセスと情報加工に関して優位に立つ状況にあると考えて，彼らの情報に基づくファンドの運用成果が市場の平均リターンを超過しているか，いないのかを検証しようとするわけである．仮に，職業的専門家としてのファンドマネジャーや証券アナリストが関与しているファンドの運用成績がS&P500指数や東証株価指数などの市場平均を超過しえなければ，そ

れら疑似インサイダーインフォメーションに関しても市場は効率的に情報処理していると考えられることになる (津村，榊原，青山 (1993) の p. 422 による).

(4) 市場アノマリーと効率的市場仮説

「アノマリー (anomaly)」という言葉は,「例外」とか「変則」という意味である．それは，理論的に証明しえない変則性のことであり，1980年代初頭以降，効率的市場仮説に対するアンチテーゼとしての市場アノマリーに関する実証研究が多数報告され，かつまたそれらアノマリーズを利用したファンドが各国市場において多数出現してきている.

しばしば指摘されている市場アノマリーズの例を列挙すると以下のようなものがある.

① 規模効果 (size effect)
② 1月効果 (January effect)
③ 低 PER 効果 (low price-earnings-ratio effect)
④ 過剰反応効果 (return reversal effect)

①の規模効果は，大企業 (したがって時価総額が大きい) の株式の平均収益率が低くなる傾向をいう．平均的にみると小規模企業の投資収益率は高く，ときには非常に高い収益率を示すことがある．そして，この規模効果は12月決算の多い欧米では1月に現れることが多いとされる．②の1月効果は，1月の投資収益率が他の月に比べて高い傾向がある，というものである．特に長期間のデータをとって平均収益率を比べると，1月の平均収益率が明らかに高いとされる．それは特に小型株や無配株などについて，各国の株式・債券市場で観察されている．③の低 PER 効果は，PER の低い株は，それが高い株に比べて収益性が高いという傾向である．これは，「PER 仮説」と題して一時注目されたもので，前述のセミストロングフォームの効率性の検証に利用されている．④の過剰反応効果は，投資家が情報に対して過剰に反応し，株価が一時的に内在価値に比べて大きく乖離するとされ，ある期間の相対的なリターンが高い (低い) 株式は，次の期間のリターンが相対的に低く (高く) なる傾向がある，というものである.

これまで指摘してきた市場の変則性に関する実証研究が，従来からの効率的市場仮説 (EMH) に対して有する意義を考える立場にも，それらの研究が EMH の妥当性を否定する有力な証左であると積極的に評価する立場と，これらの現象もなおかつ拡張された CAPM のもとで説明可能であると考え，EMH の否定には

つながらないとする消極的な立場の二つがある．そして，これは未だに確固たる結論が得られているとはいいにくい状況である．

3.3 資本資産の価格形成の裁定理論

1970年代後半から，ロス(Ross)によって展開された「資本資産の価格形成の裁定理論」(裁定価格理論，arbitrage theory of capital asset pricing, arbitrage pricing theory of risky asset, APT)が急速に脚光を浴びるようになった(S. Ross (1976)).

(1) CAPMとAPT

CAPMでの主張は，個別証券の期待収益率は，①市場ポートフォリオのリスクプレミアム，②それに対する個別証券の感応度，③安全資産の利子率で決定される，であった．これは，現実にあてはめるには，かなり厳しいものである．CAPMは「すべての投資家が市場に関して同質的な期待をもち，合理的でかつリスク回避的な分散投資を行う」という仮定のもとで成立する均衡価格理論である．CAPMでは，ただ一つのファクター(市場ポートフォリオに対するβ値)を個別株式または株式ポートフォリオのリターンの支配的な決定要因として考えている．このようなCAPMに比べるとより緩和されているのが，APTの含意である．CAPMが市場ポートフォリオという，市場均衡状態における架空のポートフォリオを想定しているのに対して，市場が十分に競争的であり，投資家が株価に影響を与える情報に対して合理的な投資決定を行えばAPTは成立する，とされる．

APTでは，CAPMを導き出すために置かれていた，厳格な仮定は必要としない．投資家は同質的な期待をもっているという仮定に変わりはないが，個別銘柄の平均・分散に対する期待値という考え方に代わって，リターンを生成するプロセスに対して仮定を置いている．APTでは，株式のリターン(実現収益率)は，次の一般式で表されるように，いくつかの市場指標(経済指標)の線形結合により生成されると考える(以下の説明は，基本的に経済法令研究会(1997)，津村，榊原，青山(1993)によっている)．

$$R_i = a_i + b_{i1}\widetilde{F}_1 + b_{i2}\widetilde{F}_2 + \cdots + b_{ij}\widetilde{F}_j + \tilde{e}_i \tag{3.13}$$

ここに，R_i：株式iの実現収益率，a_i：すべての指標の価値が0のときの株式iの期待収益率，$\widetilde{F}_j$：株式iのリターンに影響を与えるj番目の指標の価値，

b_{ij}：j番目の指標に対する株式iの感応度，$\tilde{e}_i$：誤差項(平均0,分散σ_{ei}^2).

このとき，株式iの期待収益率は，
$$E(\tilde{R}_i) = r_f + b_{i1}\lambda_1 + b_{i2}\lambda_2 + \cdots + b_{ij}\lambda_j \tag{3.14}$$
と表される，というのがAPTの主張である．

ただし，(3.14)式では，λ_jは，ファクターポートフォリオjのリスクプレミアムを表す．

このようにAPTでは，投資収益率に影響を与えると思われる複数のファクターによって期待収益率を記述する点でCAPMより現実的な印象を与える．つまり，APTでは，CAPMで要求されているような厳格でしかも非現実的な仮定に依存しない．

すなわちAPTでの仮定は，個別証券の期待収益率は，① 有価証券に共通なファクターのリスクプレミアム，② それらに対する個別証券の感応度，③ 安全資産の利子率で決定される，というものである．

ただし，APTでは「共通なファクター」が何であるのかは定義していない．つまり，ファクターとして何を選ぶのかは分析者に委ねられる．一般に，ファクターの抽出には因子分析と呼ばれる統計手法により，複数の証券に共通して影響を与える因子を捉える方法が有力であるとされており，いずれにせよいまも実証研究が行われている．ただし，実際には株式に影響する複数のファクター，つまり経済成長率，インフレ率，金利，為替などの経済的諸要因の変化に対して，投資収益率がどのように反応するかを，裁定(アービトレイジ)の考え方で論じ，計測している．

繰り返しになるが，APTが導き出す結論はCAPMとよく似ている．しかし，重要な点でCAPMと異なっているのである．

(2) APTの考え方

APTの基本的な大前提は一物一価の法則(裁定理論)，すなわち，同じ価値のものは違った価格で売ることはできない，ということである．

いま，投資家たちは，リスク証券の不確実な予想収益率(R_i)が，(議論を簡単にするために)以下のような，説明変数が二つのファクターモデル(factor model)によって記述できる，と考えていると想定する．
$$R_i = a_1 + b_{i1}F_1 + b_{i2}F_2 + e_i \tag{3.15}$$
ここで，F_kは，すべての証券の収益率に影響を及ぼす共通のファクターの値で

あり，b_{ik}，$k=1,2$，は，ファクター (k) の変化に対する証券 (i) の反応度ないし感応度を表す．e_i は，証券 (i) の収益率のなかで共通のファクターとは無関係な証券に固有の収益部分 (security-specific return) であり，事前に確実に予想できない確率変数と見なされている．投資家たちは (3.15) 式について同質的予想 (homogeneous expectation) をもつと仮定する．すなわち，投資家たちは，共通のファクターが何であるか，このファクターに対する各証券の反応度はいくらか，についての意見の一致をみていると仮定する．そして，ロスが考えた基本的なアイディアは，アンシステマティックリスク (個別証券ごとに特有の収益率の変動) がポートフォリオ効果によってネグリジブルになる限り，追加投資を全くせず (zero net investment)，また，システマティックリスクがゼロである (zero systematic risk) ようなポートフォリオの期待収益は，均衡においてはゼロでなくてはならない，というものである．

数値例で APT を考えよう．次に示されるような，十分に分散された三つのポートフォリオがあるとする (この数値例は，経済法令研究会 (1997) による)．

ポートフォリオ	期待リターン	b_{i1}	b_{i2}
1	15%	1.0	0.6
2	14%	0.5	1.0
3	10%	0.3	0.2

この三つのポートフォリオから，ファクターに反応しないポートフォリオ，すなわちリスクフリーポートフォリオをつくるには，次のようにすればよい．

$$W_1 + W_2 + W_3 = 1$$

$$b_{P1} = \sum_{i=1}^{3} W_i b_{i1} = W_1 + 0.5 W_2 + 0.3 W_3 = 0$$

$$b_{P2} = \sum_{i=1}^{3} W_i b_{i2} = 0.6 W_1 + W_2 + 0.2 W_3 = 0$$

ここから，$W_1 = -\frac{10}{24}$，$W_2 = -\frac{1}{24}$，$W_3 = \frac{35}{24}$ が導かれる．したがって，リスクフリーポートフォリオの期待収益率は，次のようになる．

$$E(R_f) = -\frac{10}{24} \times 15\% - \frac{1}{24} \times 14\% + \frac{35}{24} \times 10\% = 7.75\%$$

$E(R_f) = r_f$ であることから，安全資産の利子率は 7.75% となる．以上の結果をポートフォリオ 1，2 の APT 式に代入すれば，ファクターポートフォリオの

リスクプレミアムがわかる．

ポートフォリオ1：$15=7.75+\lambda_1+0.6\lambda_2$
ポートフォリオ2：$14=7.75+0.5\lambda_1+\lambda_2$

ここから，$\lambda_1=5.0$，$\lambda_2=3.75$ が得られる．したがって，無裁定条件における価格均衡式は次のように与えられる．

$$E(\widetilde{R}_i)=7.75+5b_{i1}+3.75b_{i2} \tag{3.16}$$

いま，ファクター1に対する感応度が0.3，ファクター2に対する感応度が0.2のポートフォリオ3があるとき，ある時点での市場におけるこのポートフォリオ3の期待収益率が11%であるとしたら，どのような取引が有効であろうか．

APTが成立するとすれば，このポートフォリオ3の均衡状態における期待収益率は，(3.16)式に従って次のとおり10%となるはずである．

$$\begin{aligned}E(\widetilde{R}_3)&=7.75+5b_{31}+3.75b_{32}\\&=7.75+5\times0.3+3.75\times0.2\\&=10\%\end{aligned}$$

したがって，このポートフォリオ3は市場では均衡価格より割安に評価されていることから，ポートフォリオ3を買いつけ，同時に複数の銘柄から $b_{P1}=0.3$，$b_{P2}=0.2$ となるポートフォリオ4を構築し，このポートフォリオ4を売却すれば無リスクで利益を得ることができる．

	投資額	1期間後のキャッシュフロー
ポートフォリオ3の買付	1	1.11
ポートフォリオ4の売却	−1	−1.10
合計	0	+0.01

こうして，このような裁定機会はやがて消滅し，ポートフォリオ3は均衡価格に収束すると考えられる．

(3.13)式から株式 i の期待収益率は次のようになる．

$$E(\widetilde{R}_i)=a_i+b_{i1}E(\widetilde{F}_1)+b_{i2}E(\widetilde{F}_2)+\cdots+b_{ij}E(\widetilde{F}_j)$$

(3.13)式から(3.14)式を差し引くと，株式 i の収益率は次のように表すことができる．

$$R_i=E(\widetilde{R}_i)+b_{i1}[F_1-E(\widetilde{F}_1)]+b_{i2}[F_2-E(\widetilde{F}_2)]+\cdots+b_{ij}[F_j-E(\widetilde{F}_j)]+\tilde{e}_i$$

なお，ここでいうファクター(マクロ指標)の数や，ファクターとして何を使うかについては，APTでは定義されていない．したがって，全く自由である．

(3) APTの導出

まず議論を簡単にするために，ポートフォリオのリターンが二つのファクター(市場指標)によって生成されるとする.

$$R_P = E(\tilde{R}_P) + b_{P1}[F_1 - E(\tilde{F}_1)] + b_{P2}[F_2 - E(\tilde{F}_2)] + \tilde{e}_P$$

いま，投資家が十分に分散されたポートフォリオを保有しているとすれば，そのアンシステマティックリスクは限りなく0に近づき，システマティックリスクのみが問題となる．上記の式では，ポートフォリオのシステマティックリスクに影響を与えるのは，b_{P1} と b_{P2} である．したがって，投資家が関心をもっているのは，ポートフォリオの期待リターンとリスクだけだとすれば，投資家はポートフォリオ P の三つの属性，R_P, b_{P1}, b_{P2} にのみ関心をもつことになる.

$$R_P = E(\tilde{R}_P) + b_{P1}[F_1 - E(\tilde{F}_1)] + b_{P2}[F_2 - E(\tilde{F}_2)]$$

ここで，CAPMにおける市場ポートフォリオと同様に，ファクターと全く同じ動きをするポートフォリオを定義する．このようなポートフォリオはファクターポートフォリオと呼ばれる．たとえば，ファクター1・ポートフォリオは，ファクター1(F_1)に対する感応度が1で他のファクターに対する感応度が0のポートフォリオであり，ファクター2・ポートフォリオは，ファクター2(F_2)に対する感応度が1で他のファクターに対する感応度が0のポートフォリオである．

ファクター1・ポートフォリオ：$R_{F1} = E(\tilde{R}_{F1}) + [F_1 - E(\tilde{F}_1)]$

ファクター2・ポートフォリオ：$R_{F2} = E(\tilde{R}_{F2}) + [F_2 - E(\tilde{F}_2)]$

ここで，ポートフォリオ P を1単位購入し，ファクター1・ポートフォリオを b_{P1} 単位，ファクター2・ポートフォリオを b_{P2} 単位売却するポートフォリオを考える．

このポートフォリオは，ファクターポートフォリオ1および2の売却によって，ファクター1，2に対する感応度が0となることから，リスクフリーポートフォリオということができる．したがって無裁定条件では，1期間後のキャッシュフローは，当初の投資額を安全資産の利子率(リスクフリーレイト)で1期間運用したものと等しくなるはずである．

$$[1 - b_{P1} - b_{P2}] \times (1 + r_f) = [1 + E(\tilde{R}_P)] - [b_{P1}E(\tilde{R}_{F1}) + b_{P1}] - [b_{P2}E(\tilde{R}_{F2}) + b_{P2}]$$

$$\therefore E(\tilde{R}_P) = r_f + b_{P1}[E(\tilde{R}_{F1}) - r_f] + b_{P2}[E(\tilde{R}_{F2}) - r_f] \quad (3.17)$$

この式は，ポートフォリオの期待収益率は，ファクターポートフォリオのリスクプレミアムに感応度を掛けたものの和に等しい，ということを示している．

ここで，ファクターポートフォリオのリスクプレミアムを
$$\lambda_1 = E(\widetilde{R}_{F1}) - r_f$$
$$\lambda_2 = E(\widetilde{R}_{F2}) - r_f$$
と表すと，(3.17)式は次のようになる．
$$E(\widetilde{R}_P) = r_f + b_{P1}\lambda_1 + b_{P2}\lambda_2 \qquad (3.18)$$

この例では，株式の収益率に影響を与えるファクターの数を二つと仮定したが，この数を増やしても，すなわちマルチファクターモデルでも同様の結論が得られることは容易にわかる．
$$E(\widetilde{R}_i) = r_f + \sum_{j=1}^{n} b_{ij}\lambda_j \qquad \therefore \lambda_j = E(\widetilde{R}_{Fj}) - r_f \qquad (3.19)$$

なお，(3.19)式は，(3.14)式の一般形である．

(4) マルチファクターモデル

マーケットモデルおよびCAPMでは，個別証券のリターンに影響を与える共通の要因として，マーケット全体の動きを代表する市場ポートフォリオの存在を仮定した．しかし，市場ポートフォリオの収益率のみが個別証券の収益率を説明している考えには無理があり，現実には複数の要因（ファクター）が影響を及ぼしていると考えるのが自然である．

たとえば，金利や為替，インフレ率などのマクロ環境の変化が個別証券に与える影響は無視できない．また，アノマリーでもみたように銘柄の規模効果によってパフォーマンスに差が出ることはよく知られている現象であり，企業が属する産業の動向によってもパフォーマンスに影響が出る．

一般に(3.19)式で表されるマルチファクターモデルでは，ファクターとしてはすべての銘柄の収益率に影響を与える共通のファクター（コモンファクター）と，特定のグループの証券の収益率に影響を与えるセクターファクター（たとえば業種）などが想定される．

4

オプション価格理論

4.1 オプションの概念

(1) オプション取引の仕組み

オプション取引とは，一定数量の金融商品(通貨，債券，株式など)を，将来の一定期間または一定日に，一定の価格で，購入または売却する権利を譲渡する契約を意味する．

オプションとは，ある目的物(基礎商品)を一定の期日(権利行使日)に特定の価格(権利行使価格)で購入する，または売却する「権利」をいう(以下での説明は，東京証券取引所編『やさしい株券オプション取引』(1996)での説明を，さらにわかりやすくしたものをもとにしている．この資料は，東京証券取引所が見学者や一般に無料で配布しているもので，書店などに出回っている「入門書」よりもずっとわかりやすく，広く推薦しうるものである)．オプションの対象となる「ある目的物(通貨，債券，株式など)」を，基礎商品(または原資産)といい，「一定の期日」を権利行使日という．また，「特定の価格」を，権利行使価格という．そして，オプションの売方と買方の間で，特定の価格で基礎商品の取引を行うことを，権利行使という．さらに，株券オプションとは，株券を基礎商品とするオプションで，オプションの対象となる株券を，特に対象株券という．この対象株券を購入する権利をコールオプションといい，対象株券を売却する権利をプットオプションという．

この権利を売買の対象とする取引で，売方が買方に権利を付与し，その代わりに買方が売方に対価を支払うものが，株券オプション取引である．その際に，権利の売買を行った際の対価を，オプション料またはプレミアムといい，経済分析

4.1 オプションの概念

```
                                                 限月         権利行使価格(銘柄)
                                                              ┌─────────┐
                                              ┌─ ○月限月 ─┬─│ ○○○○円 │
                                              │           │  ├─────────┤
                                              │           └─│ ○○○○円 │
                          ┌─ コールオプション取引 ─┤              └─────────┘
                          │                   │                ⋮
                          │                   │              ┌─────────┐
                          │                   │           ┌─│ ○○○○円 │
 株券オプション取引 ─┤                   └─ ×月限月 ─┤  ├─────────┤
                          │                               └─│ ○○○○円 │
                          │                                   └─────────┘
                          │                                     ⋮
                          │
                          └─ プットオプション取引 ─── 上記と同じ ─── 上記と同じ
```

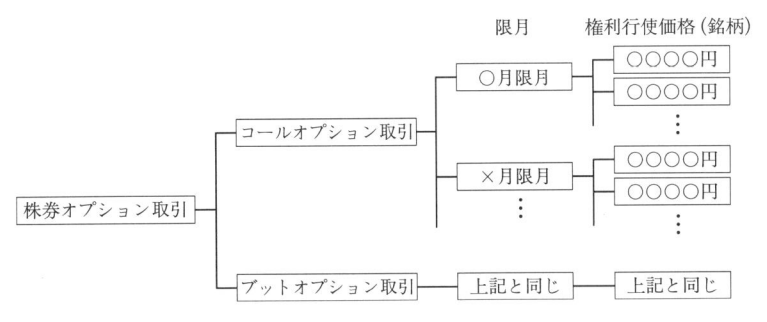

図 4.1 株券オプション取引の銘柄イメージ
東京証券取引所編 (1996) の p. 4 より．

あるいはモデルによる分析の対象となる．株券オプション取引の買方は，オプション料を支払う代わりに，対象株券を権利行使価格で購入する (売却する) 権利を保有することとなり，買方は権利行使日において，権利を行使することができる．ただし，権利を行使するかどうかは買方の自由である．これに対し，株券オプション取引の売方は，オプション料を受け取る代わりに，対象株券を権利行使価格で売却する (購入する) 義務を負うことになる．売方は，買方の請求があれば権利行使に応じなくてはならない．

次に，取引単位は，オプション1単位を取引単位とする．すなわち，オプション1単位は，各対象株券の最低売買単位を購入する (売却する) ことができる権利である．たとえば，対象株券の最低売買単位が1000株の場合，オプション1単位は，1000株の対象株券を購入する (売却する) ことができる権利を意味する．だから，対象株券の最低売買単位が1株の場合，オプション1単位は，1株の対象株券を購入する (売却する) ことができる権利ということになる．

また，ここでは「銘柄」の概念も言及する必要がある．オプション取引では，対象株券が同じであっても，① コール，プットの別，② 限月 (取引最終日の別)，③ 権利行使価格，が異なるものは，別々の銘柄として取引が行われるのが特徴である．だから，たとえば，「○○自動車を1000円で購入するコールオプション」であっても，平成13年9月限月のものと，平成13年12月限月のものとでは，別々の銘柄として取引が行われることになる．また，「目白自動車を平成13年9月に購入するコールオプション」であっても，権利行使価格が1000円のものと，1100円のものとでは，別々の銘柄として取引が行われる．

オプションには，金融先物と同様にヘッジ目的，投機目的，トレーディング目的がある．

① ヘッジ目的：価格，金利，為替などの変化にかかるリスクを回避することを目的とする．

② 投機目的：自己の本来の事業とは関係なく，オプションのポジションを保有する場合である．たとえば，投機目的でオプションを買えば，価格変動分のほとんど全部を利益として得られる可能性がある反面，損失は支払ったオプション料（オプション購入代金でプレミアムともいう）に限定される．

③ トレーディング目的：金融・証券業など営業活動としてのオプション売買業務を意味する．

(2) オプションの基本説明

行使期日： オプションの権利行使できる期限で，行使期日を過ぎると，オプションの権利・義務は消滅する．権利行使期間中であればいつでも権利行使できるものを「アメリカンオプション」，権利行使が権利行使期間の最終日に限定されているものを「ヨーロピアンオプション」という．

オプション料（オプションプレミアム）の価格形成： オプション料（オプションプレミアム）とは，オプションの買い手が，オプションの売り手に支払う権利の対価を意味する．オプションの売り手は，無制限の損失をこうむる可能性がある．オプション料は，株価同様，オプション市場の参加者の需給関係によって決まる．ただ，オプション料は，① 本質的価値と ② 時間的価値の和であり，「対象株券の価格と権利行使価格の関係」，「対象株券の価格変動性」および「権利行使日までの期間」などの要因によって価格形成が異なっている．ここで，次の概念が基本である．

オプション料＝本質的価値＋時間的価値

① 本質的価値： 本質的価値は，オプションを権利行使した場合に生じる価値であり，対象株券の価格（時価）と権利行使価格との差による利益である．

コールオプションの買方は，対象株券の価格が権利行使価格を上回っている場合，権利行使によって，「対象株券の価格－権利行使価格」の利益を得ることができる．たとえば，あるコールオプションの権利行使価格が1000円で対象株券の価格が1100円の場合，このオプションの本質的価値は，100円(1100円－1000円)となる(なお，本質的価値にマイナスはない)．コールオプションの本質

的価値は，対象株券の価格が上昇すると増加し，逆に対象株券の価格が下落すると減少する．

一方，プットオプションの買方は，対象株券の価格が権利行使価格を下回っている場合，権利行使によって，「対象株券の価格－権利行使価格」の利益を得ることができる．たとえば，あるプットオプションの権利行使価格が1000円で対象株券の価格が900円の場合，このオプションの本質的価値は，100円（1000円－900円）となる．プットオプションの本質的価値は，対象株券の価格が下落すると増加し，逆に，対象株券の価格が上昇すると減少する．こうして，本質的価値が増加するとオプション料は増加し，逆に，本質的価値が減少するとオプション料は減少するのである．すなわち，いま，原資産価格を S，権利行使価格を K とすると，コールオプションの本質的価値 C^* と，プットオプションの本質的価値 P^* は，次のように表される．

$$C^* = \mathrm{Max}(0, S-K) \\ P^* = \mathrm{Max}(0, K-S) \qquad (4.1)$$

② 時間的価値：時間的価値は，オプションに利益が生ずる可能性を反映するものである．時間的価値は，（i）対象株券の価格変動性や，（ii）権利行使日までの期間などの影響を受けるために，常に変化している．

（i） 対象株券の価格変動性

対象株券の価格変動性の増大は，株価が大きく上昇，あるいは下落する確率が高くなることを意味し，一般に，対象株券の価格変動性が増大すると，オプション買方に利益が生じる可能性が高くなり，時間的価値も増大する．たとえば，コールオプションの買方の場合，株価が急落しても，損失額は当初のオプション料にとどまるのに対し，株価が急騰したときには，多額の利益が得られるので，トータルで考えれば，利益を得る可能性が高くなるからである．

一方，対象株券の価格変動性の減少は，株価が，大きく上昇，あるいは下落する確率が低くなることを意味する．一般に，対象株券の価格変動性が減少すると，オプションの買方に利益が生じる可能性が低くなり，時間的価値も減少する．たとえば，コールオプションの買方の場合，株価が急騰する確率が低くなった分，トータルで考えれば，利益を得る可能性が低くなるからである．対象株券の価格変動性が増加し，時間的価値も増加すると，オプション料は増加し，逆に対象株券の価格変動性が減少し，時間的価値も減少すると，オプション料は減少

する．

(ii) 権利行使日までの期間

一般に，権利行使日までの期間(以下，残存期間という)が長くなると，対象株券の価格変動性に変化がなくても，権利行使日までに予想される株価の変動幅が大きくなる．すなわち，オプションの買方からみれば，残存期間の長い銘柄ほど，利益を得る可能性が大きくなる．したがって，対象株券と権利行使が同じオプション，残存期間が3か月ある銘柄の方が，残存期間が1か月の銘柄より時間的価値は大きくなる．

一般に，時間的価値が大きい銘柄のオプション料は高く，時間的価値が小さい銘柄のオプション料は安くなる．また，同じオプションでも，時間の経過とともに，残存期間は短くなるので，時間的価値は減少する．すなわち，時間的価値の減少とともに，オプション料は安くなる．こうして，以上の関係をまとめると，次のようになる．

各要因がオプション料の価格形成に与える影響

要因			オプション料の変化	
			コール	プット
本質的価値	対象株券の価格	上昇 下落	上昇 下落	下落 上昇
時間的価値	対象株券の価格変動性	増大 減少	上昇 下落	
	権利行使日までの期間	長 短	高 安	

これをグラフで示すと図4.2のようになる．

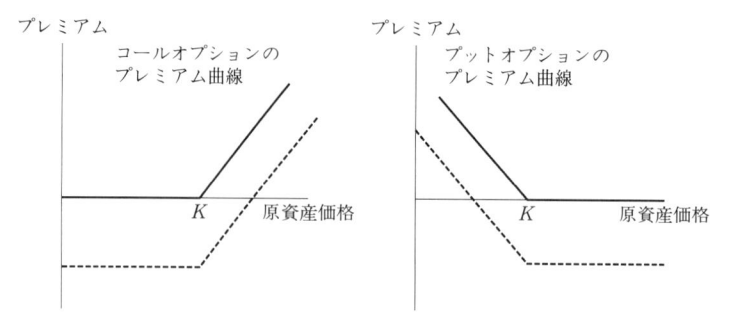

図4.2

ここで,点線部分は,オプションの損益曲線と呼ばれるもので,満期日時点での損益を表している.これに対し,当初の支払い(受け取り)プレミアムを考慮せずに,オプションプレミアムだけの価値を示すのが,実線によるものである.

4.2 オプションモデルの理論

(1) 基本モデル

オプション評価モデルの基本式は,プット・コール・パリティ(put call parity)の導出から始まる.まず,次のような定義をしておく.

C:コールオプションの価格(プレミアム)　　S_t:最終日の原資産価格
P:プットオプションの価格(プレミアム)　　r:借入金利
K:権利行使価格　　　　　　　　　　　　　t:満期までの期間
S:原資産の現在価格

注意:最終日に K を返済するように借入をする.

ヨーロピアンタイプのコールオプションとプットオプションの間には,「プット・コール・パリティ」と呼ばれる関係が成立する.

いま,原資産価格を S,権利行使価格 K のコールオプションのプレミアムを C,プットオプションのプレミアムを P とする.このとき次のような二つのポートフォリオを考える(ここでの説明,特に数値例は,経済法令研究会編(1997)によっている.同書は,証券アナリスト第2次試験対策の文献として,著名なものである).

　　ポートフォリオA:コール1単位買い
　　ポートフォリオB:プット1単位買い,現物1単位買い

　　借入れ:$\dfrac{K}{(1+r)^T}$(満期日に K を返済)

	現在価値	最終日	
		$S_t > K$	$S_t \leq K$
A:コールの買い	$-C$	$S_t - K$	0
B:プットの買い	$-P$	0	$K - S_t$
原資産の買い	$-S$	S_t	S_t
借入	$K/(1+r)^t$	$-K$	$-K$
Bの合計	$-P-S+K/(1+r)^t$	$S_t - K$	0

この二つのポートフォリオは満期日には同じ価値となることから,無裁定条件

（裁定が働かない状況）では，当初の価値も等しくなり，プット・コール・パリティ式が成立する．

$$C = P + S - \frac{K}{(1+r)^T} \tag{4.2}$$

(4.2)式は，連続複利で表すと次のようになる．

$$C = P + S - Ke^{-rT} \tag{4.3}$$

ここで，次のような数値例を考えてみよう．

いま，原資産価格が3100円である．権利行使価格3000円，満期まで3か月のヨーロピアンタイプのコールオプションの価格が300円であり，プットオプションの価格が225円である．安全資産の利子率を10％（年利）として，裁定機会があるかどうか，考えよう．

解答：次の二つのポートフォリオの満期日の価値は同一である．

　　　　ポートフォリオ1：コール1単位買い
　　　　ポートフォリオ2：プット1単位買い，現物1単位買い
　　　　借入れ：$\frac{K}{(1+r)^T}$（満期日にKを返済）

したがって，二つのポートフォリオの現在価値が等しくなければ，裁定機会がある．

　　　ポートフォリオ1の現在価値＝300円

　　　ポートフォリオ2の現在価値＝$225 + 3100 - \frac{3000}{(1+0.1)^{3/12}} \fallingdotseq 396$円

ポートフォリオ2はオーバープライシングであることから，ポートフォリオ2を売却し，ポートフォリオ1を購入することで，裁定利益を得ることができる．すなわち，コール1単位を購入し，同時にプット1単位と原資産1単位を売却し，$3000/(1+0.1)^{0.25}$の資金を運用（貸付）することで，次の裁定利益が得られる．

$$裁定利益 = 396 - 300 = 96 円$$

(2) オプションモデルの経済学的解釈

① コールオプション

配当支払いのないヨーロピアンタイプのコールオプションのプレミアムは，(4.2)式から次のように変形できる．

経営科学OR用語大事典

S.I.ガス／C.M.ハリス編
森村英典・刀根 薫・伊理正夫監訳
B5判 752頁 本体32000円

OR/MSの重要な用語を，中項目・小項目のランクに分け，世界的な研究者が執筆し，五十音順に配列した大事典．[主な用語]意思決定／回帰分析／環境システム分析／グラフ理論／経済学／計算複雑度／計量経済／ゲーム理論／広告／在庫モデル／巡回セールスマン問題／施設配置／要員計画／線形計画法／探索モデリング／内点法／ネットワーク最適化／配送経路問題／費用効果分析／包絡分析法／目標計画法／マーケティング／待ち行列理論／マルコフ決定過程／リスク管理／他

ISBN4-254-12131-8　　注文数　　冊

経営効率評価ハンドブック
―包絡分析法の理論と応用―

A.チャーンズ／W.W.クーパー／
A.Y.リューイン／L.M.シーフォード編
刀根 薫・上田 徹監訳
A5判 484頁 本体15000円

DEAの基礎理論を明示し，新しいデータ分析法・実際の効果ある応用例を収めた包括的な書．[内容]基本DEAモデル／拡張／計算的側面／DEA用ソフト／航空業界の評価／病院の分析／炭酸飲料業界の多期間分析／病院への適用／高速道路の保守／醸造産業における戦略／位置決定支援／病院における生産性／所有権と財産権／フェリー輸送航路／標準を取り入れたDEA／修正DEAと回帰分析を用いた教育／物価指数における問題／野球選手の相対効率性／農業と石炭業への応用／他

ISBN4-254-27002-X　　注文数　　冊

生産管理の事典

圓川隆夫・黒田 充・福田好朗編
B5判 752頁 本体28000円

[内容]機能編(生産計画，工程・作業管理，購買・外注管理，納期・在庫管理，品質管理，原価管理，工場計画，設備管理，自動化，人と組織，情報技術，安全・環境管理，他)／ビジネスモデル統合編(ビジネスの革新，製品開発サイクル，サプライチェーン，CIMとFA，他)／方法論編(需要予測，生産・輸送計画，スケジューリング，シミュレーション，モデリング手法，最適化手法，SQC，実験計画法，品質工学，信頼性，経済性工学，VE，TQM，TPM，JIT，他)／付録(受賞企業一覧，他)

ISBN4-254-27001-1　　注文数　　冊

シリーズ〈意思決定の科学〉1
意思決定の基礎

松原 望著
A5判 232頁 本体3200円

価値の多様化の中で私達はあらゆる場で意思決定を迫られている．豊富な例題を基にその基礎を解説．[内容]確率／ベイズ意思決定／ベイズ統計学入門／リスクと不確実性／ゲーム理論の基礎・発展／情報量とエントロピー／集団的決定

ISBN4-254-29511-1　　注文数　　冊

シリーズ〈意思決定の科学〉2
戦略的意思決定

生天目 章著
A5判 200頁 本体3200円

ミクロ=個人とマクロ=組織・集団の二つのレベルの意思決定のメカニズムを明らかにし，優れた意思決定のための戦略的思考を構築する．[内容]複雑系における意思決定／戦略的操作／競争的・適応的・倫理的・集合的・進化的意思決定

ISBN4-254-29512-X　　注文数　　冊

シリーズ〈意思決定の科学〉3
組織と意思決定

桑嶋健一・高橋伸夫著
A5判 180頁 本体3200円

合理的な意思決定は経営組織論の骨格である．組織と経営の具体例を決定理論の側から眺め直す．[内容]決定理論と合理性／近代組織論とルーティン／ゴミ箱モデルと「やり過ごし」／分析モデル／研究開発と意思決定／戦略的提携と協調行動他

ISBN4-254-29513-8　　注文数　　冊

シリーズ〈意思決定の科学〉4
財務と意思決定

小山明宏著
A5判 168頁 本体3200円

企業はどう意思決定すべきか？資金調達・投資・成果配分の場面での意思決定の理論と実際を解説[内容]財務的意思決定の対象／ポートフォリオ選択／資本市場理論／オプション価格／企業評価モデル／プリンシパル・エージェント・モデル／他

ISBN4-254-29514-6　　注文数　　冊

＊本体価格は消費税別です(2001年5月25日現在)

▶お申込みはお近くの書店へ◀

朝倉書店

162-8707 東京都新宿区新小川町6-29
営業部　直通(03) 3260-7631 FAX (03) 3260-0180
http://www.asakura.co.jp　eigyo@asakura.co.jp

経営科学のニューフロンティア

日本オペレーションズ・リサーチ学会創立40周年記念事業　　A5判

1. 数理計画における並列計算

山川栄樹・福島雅夫著　240頁　本体4900円
ISBN4-254-27511-0　　注文数　　冊

数理計画問題に対する並列アルゴリズムを，基本的な理論から数値計算の具体的方法まで明解にする。〔内容〕基礎／並列最適化の手法／粒度の細かい・粗い並列アルゴリズム／他

2. 組合せ最適化 ─メタ戦略を中心として─

柳浦睦憲・茨木俊秀著　244頁　本体4500円
ISBN4-254-27512-9　　注文数　　冊

組合せ最適化問題に対する近似解法の新しいパラダイムであるメタ戦略を詳解。〔内容〕組合せ最適化問題／近似解法の基本戦略／メタ戦略の基礎・実現／近似解法の理論／他

3. 待ち行列アルゴリズム ─行列解析アプローチ─

牧本直樹著　208頁　本体3900円
ISBN4-254-27513-7　　注文数　　冊

〔内容〕マルコフ連鎖／マルコフ型到着過程／M/M型モデル／GI/M/1型待ち行列と行列幾何形式解／M/G/1型待ち行列とその解法／準出生死滅過程と待ち行列モデル／他

4. ファジィOR

石井博昭・坂和正敏・岩本誠一編　244頁　本体4900円
ISBN4-254-27514-5　　注文数　　冊

数理的意思決定に際し，データの不確かさや条件の融通性に偉力を発揮するファジィ理論を実際の応用を絡めながら詳述した書。〔内容〕ファジィ数理計画法／他

5. 金融工学と最適化

枇々木規雄著　240頁　本体4300円
ISBN4-254-27515-3　　注文数　　冊

〔内容〕最適化モデル／リスクとリターン／効率的フロンティア／ポートフォリオ選択問題・選択モデル／戦略的資産配分問題に対する数理計画モデル／ALMへの拡張／他

6. マーケティングの数理モデル

岡太彬訓・木島正明・守口　剛編　280頁　本体4900円
ISBN4-254-27516-1　　注文数　　冊

データに基づいた科学的・合理的手法を一挙公開〔内容〕確率分布と性質／次元の縮約とクラスター化／因果関係と構造を把握する統計手法／市場反応分析／最適化モデル／他

7. 混雑と待ち

高橋幸雄・森村英典著　240頁　本体3900円
ISBN4-254-27517-X　　注文数　　冊

〔内容〕待ち行列アラカルト／交通における混雑アラカルト／滞留型混雑アラカルト／待ちと混雑の数理(ランダム到着とダンゴ運転，待ち行列ネットワーク，他)／混雑と待ちへの対処／他

8. ロジスティクス工学

久保幹雄著　224頁　本体4200円
ISBN4-254-27518-8　　注文数　　冊

サプライ・チェインの本質的な理論から実践までを詳述。〔内容〕経済発注量モデル／鞭効果／確率的在庫モデル／安全在庫配置モデル／配送計画モデル／他

フリガナ		TEL
お名前		(　　　) －
ご住所（〒　　　　）		自宅・勤務先（○で囲む）

帖合・書店印	ご指定の書店名
	ご住所（〒　　　　）
	TEL (　　　) －

01-046

$$C = P + S - \frac{K}{(1+r)^T}$$

$$= (S-K) + P + K\left(1 - \frac{1}{(1+r)^T}\right)$$

$$= (S-K) + P + \frac{(1+r)^T - 1}{(1+r)^T} \cdot K \qquad (4.4)$$

この式の右辺の第1項は,コールオプションの本質的価値を表し,第2項と第3項の和は時間的価値を示している.(4.4)式から明らかなように,時間的価値は満期日以前では常に正である.これは,コールオプションのプレミアムは,満期日以前では常に本質的価値を上回っていることを意味している.

(4.4)式は,配当支払いのないヨーロピアンコールオプションで成立する式であるが,権利行使が可能であったとしても,権利を行使するよりもオプションのまま売却する方が有利であることを表している.

したがって,権利行使が可能なアメリカンオプションでは,その分ヨーロピアンオプションより価値が高いと考えられるが,コールオプションでは権利行使を行わない方が有利という結果から,アメリカンコールオプション C_A とヨーロピアンコールオプション C_E の実質的な価値は等しいと考えられる.

$$C_A = C_E \qquad (4.5)$$

② プットオプション

配当支払いのないヨーロピアンタイプのプットオプションのプレミアムは,(4.2)式から次のように変形できる.

$$P = C - S + \frac{K}{(1+r)^T}$$

$$= (K-S) + C - K\left(1 - \frac{1}{(1+r)^T}\right)$$

$$= (K-S) + C - \frac{(1+r)^T - 1}{(1+r)^T} \cdot K \qquad (4.6)$$

(4.6)式の右辺の第1項は,プットオプションの本質的価値を表し,第2項と第3項の和は時間的価値を示している.

4.3 価格形成モデル

現在一般に定着しているオプション価格理論は,ブラック・ショールズモデル(以下では BS モデルと称する)が有名であるが,これは,ヨーロピアンオプショ

ンの価格決定式である．以下では，その概略をみてみよう．

ブラックとショールズによって 1973 年に提唱された BS モデルは，ヨーロピアンオプションの価格決定式として，代表的なモデルである．

BS モデルが成立するためには，次の仮定がある．

① 資本市場は完全である．

② 安全資産が存在し，投資家は安全資産の利子率で無制限に貸借が可能である．

③ 安全資産の利子率は時間に関して不変であり，その水準は投資家に既知である．

④ 原資産価格は，時間的にも価格的にも連続な確率過程に従う（伊藤プロセスと呼ばれる）．

⑤ 原資産の期待収益率の標準偏差は一定であり，投資家の間で合意されている．

⑥ 原資産に配当はない．

⑦ オプションは，満期日のみ権利行使可能なヨーロピアンオプションである．

いま，次のように定義しよう．

S：原資産価格（期待値），K：権利行使価格，r：短期金利

t：満期までの期間，$N(d)$：標準正規分布の累積密度関数

ただし，そこでは，

$$d_1 = \{\ln(S/K) + (r + \sigma^2/2)t\}/\sigma\sqrt{t}, \quad d_2 = d_1 - \sigma\sqrt{t}$$

BS モデルでは，コールオプションのプレミアム決定式は次のように表される．

$$C = SN(d_1) - Ke^{-rt}N(d_2) \tag{4.7}$$

ここで，(4.7)式は，次のように解釈することができる．

コールプレミアム＝原資産価格×権利行使の確率－権利行使価格の現在価値
×権利行使の確率

いま，仮に，権利行使の確率を 1 とすると，(4.7)式からコールのプレミアムは次のように表すことができる．

$$C = S - Ke^{-rt} = S - \frac{K}{e^{rt}}$$

また，プットオプションのプレミアムは，(4.3)式と(4.7)式から次のように

導かれる．
$$P = -SN(-d_1) + Ke^{-rt}N(d_2) \qquad (4.8)$$
　この結果は，プットプレミアムは権利行使価格の現在価値から原資産価格を差し引いたものに等しいことを示している．これは，まさにプットオプションの本質的価値を表している．ただし，
$$N(-d_1) = 1 - N(d_1)$$
である．

5
企業評価モデル (1)

5.1 企業価値の概念

(1) 理論的側面

「企業評価」にあたる英語は，valuation である．valuation とは，まさしく「価値を計算すること」であり，いま，考察の対象となっている企業が，どれだけの価値をもっているかを計算することが，そこでの目標となる．では，企業の価値とは何であろうか．われわれは日常，「価値がある」ということばと「優れている」ということばを，往々にして同義語に使用している．すなわち「価値がある企業」，あるいは「価値の高い企業」とは，「優れた企業」という表現と同じと見なしてさしつかえないと思われる．では，企業が優れている，と表現した場合，その「優れている程度」は，どのようにして表されるだろうか．

企業がどれだけ優れているか，それを調べるための方法(手段)で最も知られているものは，周知のとおり「経営分析」と呼ばれるものである．そしてそれは，その経営分析を行うのが誰であるか，すなわち誰の立場(目的)から行われるかによって，内容に大きな差異が生じてくることもよく知られている．ただし，財務の世界で「企業評価」という用語を考えた場合，投資家(株主)の立場からの価値の計算を意味することが多い．こうして得られる値が，「理論的価値」と呼ばれるものにあたる．これは，企業財務の分野でも研究テーマとして長い歴史をもつ「企業評価モデル」の概念にも無理なく対応しているとされる．すなわち，その企業が株主にもたらしてくれる DCF (discounted cash flow) の総額を株主の富 (wealth) と呼び，その値を企業価値と考えるものである．原則としてそれは永久に続き，DCF の発生のパターンや成長の動きなどをさまざまにヴァリエー

5.1 企業価値の概念

トさせてモデルづくりが行われてきたことは，いわゆる伝統派による研究として記憶に新しいものである．すなわち，言い換えれば，このような割引現在価値の総和のことを企業評価モデルと呼んでさしつかえないと思われる．そして，そこでDCFの内訳として何を取り上げるかによって，すなわち，そこでの利益請求権者としての株主，彼らに帰属するものの具体的な対象として何が適切か，具体的には配当，利益，キャッシュフローなどのうちのどれをとるかによって，営業利益説，純利益説，配当説など，さまざまな主張がなされてきたのである．

そこにおける定式化は，一般的には次のような形になる．

$$V = \sum_t \frac{X_t}{(1+\rho)^t}$$

ただし，Vは1株あたりの企業の市場価値，Xは株主に帰属する1株あたりキャッシュフロー，ρは割引率である．財務研究の上で「伝統派」に属するWalter (1956)は次のような企業評価モデルを導出している．ここでVは1株あたりの企業の市場価値，Dは1株あたり現金配当，Eは1株あたり利益，R_aは新規投資の利益率，R_cは市場資本還元率である．

$$V = \frac{E}{R_c} + \frac{R_a - R_c}{R_c^2}(E - D)$$

この式をみると，右辺第2項の分数の分子部分，すなわち新規投資の利益率(R_a)と市場資本換元率(実はそれは資本コスト)(R_c)の大小関係によって，企業価値を最大化する配当政策は大きく異なることがわかる．すなわち，$R_a > R_c$，つまり，市場資本換元率(R_c)よりも新規投資の利益率(R_a)の方が大きい限り，留保利益($E-D$)が大きければ大きいほどこの式のVは大きくなることは明らかであって，この場合は配当をしないで全額留保し，新規投資に回した方がVは増大することになる．

このように伝統派のモデルでは，配当政策が企業価値の大きさを左右し，企業価値を最大にする最適配当政策が存在するという結論となる．ただし，ここでは，①毎期の利益を留保し(あるいは配当として支払い)，それをさらに②新規投資に回して，それによる利益をさらに①留保する(あるいは配当する)，そして②新規投資に回す，という①,②二つの意思決定が，区別されずに混在していることに注目すべきである．

これに対し，新しい経済学的な分析方法によるモデルを提唱したMiller &

Modigliani(略してMMと呼ばれる)(1961)の配当モデルは全く反対の「配当無関連説」を提示した．MMの分析では，いくつかの仮定のもとで，均衡状態では企業価値は次のような値に落ち着くとされる．

$$V(t-1) = \frac{1}{1+\rho(t)}[D(t) + V(t) - m(t)p(t)] \tag{5.1}$$

ここで，$V(t)$：第 t 期末における企業の総市場価値，$p(t)$：第 t 期末の企業の株価，$m(t)$：第 t 期末の株価 $p(t)$ で発行される新発行株式数，$\rho(t)$：第 t 期末の市場における資本換元率，$D(t)$：第 t 期末 (t) に支払われる配当総額 $(=n(t-1)d(t))$，$n(t)$：第 t 期末における発行済株式数．

このとき，企業が第 t 期に $I(t)$ という額の投資を行うとすれば，資金の調達と運用を表す制約式として，次のような予算制約条件を満たさなければならない．

$$m(t)p(t) = I(t) - [X(t) - D(t)] \tag{5.2}$$

すなわち，左辺は新規投資に必要な資金のうち株式による必要調達金額，つまり，右辺の，必要投資金額から当該期の利益のうちの配当を差し引いた残り，言い換えれば内部留保によってまかない切れない金額を意味している．(5.2)式を(5.1)式に代入すると，

$$V(t-1) = \frac{1}{1+\rho(t)}[X(t) - I(t) + V(t)] \tag{5.3}$$

が得られる．この(5.3)式には $D(t)$ が含まれていないことから，$D(t)$ が $V(t-1)$ には影響を及ぼさないこと，すなわち，$X(t), I(t), V(t+1)$ および $\rho(t)$ が $D(t)$ とは独立であることから，ここに，企業の総市場価値 $[V(t)]$ は配当 $[D(t)]$ とは独立であることが理解できる．そして，この式は，企業評価モデルとしては，一つの一般型と考えることができるであろう．

(2) **実務的側面**

これに対して，実務的な意味での企業の価値の概念というものも頻繁に取り沙汰されている．それは，日々形成されている株価が，その具体的な指標の代表的な一つとされる．

このような株価，企業の市場価値の高さと形成については，市場で「見積もられる(与えられる)」価値の高さ，という解釈が可能であり，投資家が当該企業の価値を総合的に見積もって形づくられるものであるといえる．

では，その形成のプロセスはどのようなものであろうか．より具体的にいえば，投資家が，企業の善し悪しを評価するのに利用している変量は何か．この問題を検証するための方法としては，Watts & Zimmerman (1986, 須田訳 (1991)) などのように，株価や株式投資収益率の動きと，当該企業の会計変数の動きを対照させて観察する方法と，水野 (1998) が行った投資家への直接のアンケートによる方法や，梅田 (1998) に紹介されている，英国のプライスウォーターハウスによる調査のように，そのものずばりをアナリストや投資家に尋ねる (アンケートやインタビュー) という方法がある．この二つの方法のどちらが，真の状態を知るのにより有効であるかは，一概には判定できないが，少なくとも相互に補完しうるものであることは，確かである．すなわち，Watts & Zimmerman (1986) においては，第2章，第3章に述べられているように，個別企業の利益情報の発表に対して，その企業の株式投資収益率が反応し，「予期されない収益率」が発生するかどうかを計測することになる．たとえばその企業の公表された利益が，予想された金額よりも多かった場合に，株式投資収益率がやはり予想された値よりも高くなったならば，株式市場は (すなわち投資家は) そこで公開された利益情報に反応している，言い換えれば彼らはそこでのその利益の値を自らの投資の判断基準として利用している，という推論が成立するといえよう．そして，そこでの利益情報が具体的に何であるか，営業利益，純利益，株価収益率など，さまざまな指標を考えることができる，ということである．次に，水野 (1998) においては，筆者が直接行ったアンケートにより，個人投資家の行動原理について調査している．それによると，表5.1のような結果が出ている (重複回答)．

この調査によれば，投資家は企業評価にあたって当該企業の1株あたり利益の大小を非常に重視していることがわかる．このデータによるならば，個人投資家

表 5.1

(単位：%)

売上高	9.7	資本金・株主資本	30.2
営業利益	14.4	株主資本比率	4.9
経常利益	36.1	株主資本利益率 (ROE)	10.9
1株あたり利益 (EPS)	51.9	増益率	25.9
1株あたり配当金 (DPS)	9.4	増収率	30.2
株価収益率 (PER)	25.0	総資産営業利益率	5.1
総資産	16.8	含み損益	6.4

のうちの2人に1人は,企業評価にあたってその1株あたり利益を判断材料にしているし,さらに3人に1人は経常利益を基準としていることになり,一方,自己資本関係の状態や増収率,すなわち売上高成長率を重視している.このような傾向は,特に高度成長期以来の日本企業の経営目標との関連から理解されやすいであろう.また,バブル経済の崩壊までのわが国の企業,そして投資家の思考方式を,典型的に反映したものとして注目される.ただし,今後,景気の回復が思うにまかせず,沈滞したムードが仮に続いたとして,なおこのような調査結果が出るかどうかは,まことに興味深いところである.

さらに,梅田(1998)によれば1997年に英国のプライスウォーターハウスが英国のアナリスト,機関投資家に「価値のある情報は何か」ということで行ったアンケートでは,表5.2のような結果が報告されている.これをみると,わが国の調査結果とは若干異なった傾向がのぞけることがわかる.すなわち,彼らは,調

表5.2 英国のアナリスト・投資家の考える有用な情報

業績評価指標	有用と考える アナリスト(%)	有用と考える 機関投資家(%)
Cost Data	94	31
Segment Performance Data	88	22
Earnings Data	87	85
Cash Flow	85	83
Market Growth Data	85	71
Market Share Data	82	75
Capital Expenditures	78	52
R & D Investment Amounts	73	29
Statements of Strategic Goals	72	52
Employee Productivity Data	70	16
New Product Development Data	66	34
Customer Retention Data	51	9
Product Quality Data	50	7
R & D Productivity Measures	48	19
Intellectual Property	39	13
Process Quality Data	33	2
Employee Training Levels and Expenditures	33	2
Customer Satisfaction Measures	26	7
Employee Turnover Rates	23	14
Environmental Compliance Data	18	3
Employee Satisfaction Measures	5	2

出所:プライスウォーターハウス(1997)

査を構成する質問の細かさにも影響を受けてはいるが，より内面的な評価にまで踏み込んでいるように思われる．そして，特に従業員に関するトピックや，一部，経営戦略にかかわることまで含まれていることが非常に興味深い．

ただ，「よい企業」，「価値の高い企業」とは何であるか，それを決める指標については，単一の回答を定めることは困難であろう．

5.2 企業評価の理論

(1) 企業の絶対的評価

こうして行われる企業評価には，相対的評価と呼ばれるものと絶対的評価(個別的評価)と呼ばれるものとがある．前者は，自らの価値を他の比較対象との相対的な比較によって評価しようという考え方によるもので，具体的には財務諸表分析を，その中心的な内容としている．これに対して絶対的評価(個別的評価)と呼ばれるものは，その名のとおり，他の企業との比較対象を前提とせず，当該企業が産み出す富を個別的に測定し，その価値を，何らかの方法で評価しようという発想による方法である．具体的にはキャッシュフローの集積値として，そして，買収対象としての企業価値の算出という目的を達成するために行われるものである．以下では，まず絶対的評価(個別的評価)と呼ばれるものについて，仮説例をまじえながら考察しよう．

(a) **企業価値(買収価額)の評価について**： ここでの評価の目的は，候補企業を購入して合併(M&A)するための購入価額算定にある．その算定にあたっては，M&A実施後に発生するであろうシナジー効果も含めて，その企業買収を一つの投資案件と考え，DCF法により評価を行う．それにより購入価額の上限値を算出し，経営者の意思決定の資料とする．ここで算出する企業価値(シナリオに基づく)は，あくまで買収企業側からみたシナジー効果を含めた被買収企業の価値(買収価額)である．

ここでの具体的評価の手法には，最も一般的に使われている投資の経済性評価方法であるDCF (discounted cash flow) 法を採用する．すなわち，この買収決定の場合，買収企業にとっては，設備の投資決定と何ら変わるところがない．こうして，買収価額を算定する際も投資案件としての企業評価という観点から，投資決定のための標準的な評価方法であるDCF法を用いることができる．設備投資の評価に利用するためのDCF法の具体的な計算方法は，以下のとおりである

が，その際に，フリーキャッシュフロー(free cash flow, FCF)の概念が重要である．FCFとは，営業活動から発生するキャッシュフローから税金を差し引いた可処分残高[＝営業利益×(1－税率)＋減価償却費等]のうち，設備投資，運転資本投資等の形で営業活動に再投資された部分を差し引いた余剰部分であり，通常の営業循環から解放(＝free)されて，自己資本，他人資本双方を含めた資本提供者の手に，経済的な意味においては自由に帰属するようになった部分を意味している．

(投資案件の価値)＝(投資がもたらすFCFの現在価値)
　　　　　　　　＋(設備の残存価額の現在価値)

ある一定期間の予想キャッシュフロー(FCF)の算出の手続きは，以下のとおりである．

FCF＝[営業利益×(1－税率)]＋減価償却費等非支出性費用
　　　－設備投資等資本支出－運転資本増加分

・営業利益(EBIT：earnings before interest & tax)
　　　　　　　　　　　　＝売上高－売上原価－販売費・一般管理費
・営業利益×(1－税率)：金融費用差引前・税引後の数値
・運転資本増加分＝(売上債権残高＋在庫残高－買掛債務残高)の当期中増加額

ただし，設備投資，運転資本増加分のうち，増資，借入等の資金調達活動を通じて資金手当された部分は含めない．

また，ある一定期間だけのキャッシュフローが得られる設備投資と異なり，企業の存続(事業の継続)を前提としたM&Aにおいては，FCFを合理的に見積もることができる期間をこえて永続的にキャッシュフローが得られるため，その期間をこえる部分についても価値評価する必要がある．

すなわち，企業価値を算定する場合には，上述の設備投資の価値評価と同様に，設備の残存価額の現在価値に相当するものを加算する必要がある．

企業には，

① 永続的に事業を行うことを前提とするため，設備利用後の残存価値に相当する概念がないが，似た概念として，企業解散価値[純資産価額(時価)]があり，

② 通常，期間の経過とともに利益が累積されるため，企業の純資産価額(時価)も時間の経過とともに上昇する(設備投資の場合には，設備の価値は減少する)

ため,残存価額の代わりに,計画期末(タイムホライズン,time horizon)以降の一定の想定に基づいた予想FCFの計画期末時点の予想価値を割引率を用いて,価値評価時点の被買収企業の現在価値として算出することが適当であると考える.

具体的には,以下の算式により計算することとなる.

・その期間末(n期)以降は,毎年一定の成長率でFCFが成長し,その成長率が永続する($n \to \infty$)と仮定する場合.

$$T = \sum C_n[(1+h)/(1+r)] = C_n[(1+h)/(r-h)]$$

ここに,T:n期末の残存価値,C_n:n期末のFCF,r:割引率,h:FCFの成長率.

・その期間末(n期)以降は,n期末のFCFが永続すると仮定する場合.

$$T = \sum C_n/(1+r) = C_n/r$$

以上より,買収企業からみた買収決定時の被買収企業の価値は以下のとおりとなる.

被買収企業の営業活動から生じるFCFを,買収企業の加重平均資本コストに被買収企業のビジネスリスクを加算した割引率で割引くことにより,買収企業か

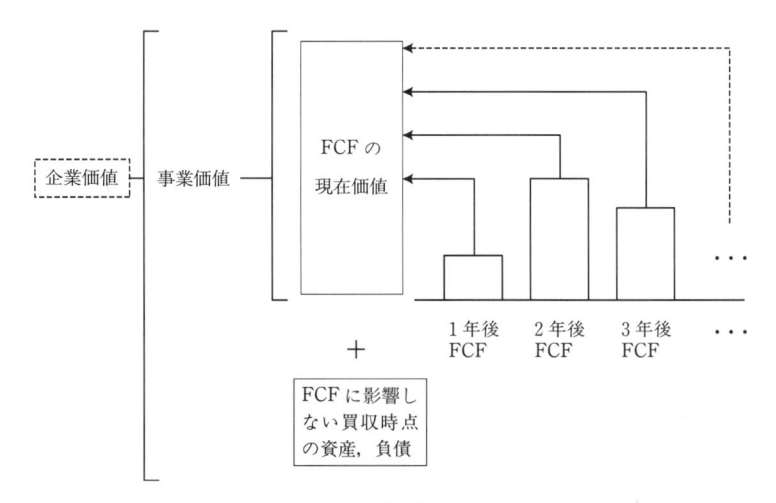

図5.1 企業価値概念図
被買収企業:現在価値に割引(ビジネスリスクも勘案).

らみた被買収企業の事業価値の現在価値が算出される．さらに，当該事業価値から，買収時に被買収企業が保有している資産，負債のうち，上記で算出したFCFに影響を与えないもの(現預金，短期有価証券，有利子負債)を加減したものが，被買収企業の企業価値となる．

〔シナジー(相乗)効果について〕

ここで合併後の企業価値を算出するにあたって最も重要な概念となる，シナジー効果について知っておく必要がある．シナジー効果とは，二つの企業のもつ資産・能力を組み合わせることにより生ずる効果，すなわち「2+2=5」となるような効果である．このシナジー効果をいかに測定するかが，買収価額決定の重要な鍵となる．

アンゾフ(広田訳，1969)によれば，シナジー効果は次のように分類される．

① 販売シナジー：さまざまな製品に対し，共通の流通経路や販売管理組織などを利用するときに，たとえば製品需要の創造，販売促進活動，輸送費の節約などの面で起こるもの．

② 操業シナジー：施設と人員の高度な活用，間接費の分散，共通の習熟曲線に基づく利点，一括大量購入により，たとえば購買管理(原材料の購入など)，製造管理の状況(設備の状況，人件費格差など)といった面で起こるもの．

③ 投資シナジー：設備・資産の共同利用，原材料の共同在庫，類似製品に対する研究開発の残存効果といった結果により，たとえば既存特許権の使用，開発中の製品の取得などの面で起こるもの．

④ マネジメントシナジー：新規事業に進出し，経営者が新しい問題に直面したとき，それが過去に遭遇したものと同じであれば，冒険的事業の強力かつ有効な推進者となる．

(b) **仮説企業の価値の例**： このたび上目白産業は，懸案だった永年のつきあいである，同一業界の中落合物産との合併計画を実行するべく，この計画のメリットをめぐって，中落合物産の企業価値を算出することになった．そこで，前述の計算方法に従い，次の数値を用いて中落合物産の企業価値を算出する．なお，FCFの算出にあたっては，① 今後10年間をtime horizonとし，② その後の残存価額をも勘定に入れる．①と②の合計金額をもって最終的な企業価値とする．

5.2 企業評価の理論

(ⅰ) 貸借対照表(買収直前)

〔上目白産業〕　　　(単位：百万円)

資産	簿価	負債・資本	簿価
流動資産	17330	負債	18600
現預金	8650	買掛債務	3100
売掛債権	2630	借入金	11100
棚卸資産	830	その他	4400
その他	5220		
固定資産	5640	資本	4370
償却資産	1500	資本金	1330
土地	2150	法定準備金	1200
その他	1990	剰余金	1840
合計	22970	合計	22970

有利子負債 11100, 自己資本(時価) 12210.

〔中落合物産〕　　　(単位：百万円)

資産	簿価	負債・資本	簿価
流動資産	5380	負債	6190
現預金	1230	買掛債務	1330
売掛債権	2000	借入金	3200
棚卸資産	850	その他	1660
その他	1300		
固定資産	2650	資本	1840
償却資産	1100	資本金	780
土地	450	法定準備金	510
その他	1100	剰余金	550
合計	8030	合計	8030

注：設備投資額 109億円.

(ⅱ) 損益計算書

(単位：百万円)

	上目白産業	中落合物産
売上高	19800	11010
売上原価	17919	9854
粗利益	1881	1156
販管費	1742	958
営業利益	139	198
営業外利益	331	16
経常利益	470	214
税引後利益	235	107

注：減価償却費(中落合物産) 109億円.

(ⅲ) 一般的な前提

売上高に関しては，市場全体が2.1%/年という成長率でずっと拡大していくことが想定される．また，同時に売上原価，販管費は2.0%/年で増えていくものと思われる．

また，合併せずに全くシナジー効果がない場合には，設備投資等は毎年均等で，減価償却費に等しいものとし，運転資本の増加はないものとする．法人税率は常に48%である．

(ⅳ) 想定されるシナジー効果の項目別算出根拠(表5.3)

以下の説明は，表5.3「想定されるシナジー効果」における各項目の「算出根拠」を詳説したものである．それぞれの番号(①〜⑪)は，表における各項目の

番号に対応したものである．

① 同業他社の過去のM&A後の事例から，1年目は両社合併直前年度の売上高の+0.2%とし，2年目以降は，業界の需要予測に基づき，対前年度比2.1%/年の成長率を設定した．

② 価格影響力が強化され，1年目は両社の売上高の合計の0.1%の販売シナジー（売上高の増加）があるものとし，2年目以降は，対前年度比2.1%/年の成長率を設定した．

③ 1年目は，買収直前年度の物流コスト（上目白産業1000億円，中落合物産500億円）のうち，▲15%を削減目標とする．2年目以降は，対前年度比で2.1%の成長率を設定した．

④ 人員合理化5か年計画に基づき，合計120億円を1年目から5年間支出せざるをえないことになった．

⑤ 1年目は両社買収直前年度の販管費の▲5%を削減し，その後は人員合理化5か年計画に基づいて，5年目まで対前年シナジー効果の▲10%とする．

⑥ 研究開発費を両社買収直前年度の売上高の▲0.2%分を削減する．この金額を10年目まで毎年続けていく．

⑦ 両社買収直前年度の広告宣伝費の▲30%を削減する．この金額を10年目まで毎年続けていく．

⑧ 調達方法改善により，両社買収直前年度の有利子負債▲0.3%．2〜5年目に重複商品輸送拠点の売却処分に伴う余資の運用で年率5%の収益を得られる．

⑨ 合併により発生する，商品輸送拠点のダブリ，すなわち互いに近接してしまう倉庫などの処分による特別収支．

⑩ 両社買収直前年度の売上高の一部を見積もり，計上してある．

⑪ ⑩の投資に伴う調整額．

(v) 結　果

Ⅰ．中落合物産がもたらす予想FCF（シナジーを考慮しない場合）

1) 与えられた前提条件(ⅱ)「損益計算書」から中落合物産の売上高11010を抜き出し，0年目の売上高とする．1年目以降の売上高は(ⅲ)「一般的な前提」に基づき，「前年度の売上高×1.021（=1+2.1%）」とする．

2) (ⅱ)「損益計算書」から中落合物産の売上原価9854を抜き出し，0年目の売上原価とする．1年目以降の売上原価は(ⅲ)「一般的な前提」に基づき，「前年

表 5.3 想定されるシナジー効果

項目	シナジー効果の区分		シナジー項目の内訳	年度										算出根拠およびおよび備考
				1	2	3	4	5	6	7	8	9	10	
売上高	販売シナジー①	プラス	上目白産業の店舗、中落合物産の店舗双方で全く同じように買い物ができることによる増販効果。											①
売上高	販売シナジー②	プラス	業界中堅クラス同士の合併によるマーケットシェアの飛躍的増大で、プライスリーダーとなり、従来より有利に価格形成しうる。											②
売上原価・販管費	操業シナジー①	プラス	物流コスト・輸送費が、店舗ネットワークなどの効率化により削減される。	24	24	24	24	24						③
販管費	操業シナジー②	マイナス	人員合理化に伴う退職手当。											④
販管費	操業シナジー③	プラス	役員を含む人員の合理化、社内の部門などの改廃・統合による販管費の削減。											⑤
販管費	投資シナジー	プラス	両社でダブって二重に行われていた研究開発費の削減効果。											⑥
販管費	販売シナジー	プラス	広告宣伝費の一本化による削減(上目白産業35億円/年、中落合物産15億円/年)。											⑦
営業外収支	投資シナジー	プラス	金融収支の改善。											⑧
特別収支	投資シナジー	プラス	両社の重複商品輸送拠点の処分。		40	40	40	40						⑨
投資	投資シナジー	マイナス	情報処理センターの統合にあたって必要な改良投資。	20	25									⑩
減価償却費	—	—	減価償却費の調整。		9	9	9	9	9	9	9	9		⑪

74　　5. 企業評価モデル(1)

度の売上原価×1.02(＝1＋2.0%)」とする．

3) (ii)「損益計算書」から中落合物産の販管費958を抜き出し，0年目の販管費とする．1年目以降の販管費は(iii)「一般的な前提」に基づき，「前年度の販管費×1.02(＝1＋2.0%)」とする．

4) 「売上高 — 売上原価 — 販管費」で各年度の営業利益を算出する．

5) (iii)「一般的な前提」に基づき，「営業利益×0.48(＝48%)」で各年度の法人税等を算出する．

6) 「営業利益－法人税等」で各年度の金融費用差引前利益を算出する．

7) (i)「貸借対照表(買収直前)」の中落合物産の設備投資額109億円，(ii)「損益計算書」の中落合物産の減価償却費109億円および(iii)「一般的な前提」に基づき，減価償却費等と設備投資等は毎年109億円，運転資本増加分は0とする．

8) 「金融費用差引前利益＋減価償却費等－設備投資等－運転資本増加分」で各年度のFCFを算出する．

以上を行ったものが表5.4である．

II. 想定されるシナジー

それぞれの番号(①〜⑪)および算出根拠は，(iv)「想定されるシナジー効果の項目別算出根拠」および想定されるシナジー効果に従う．

① 上目白産業の売上高と中落合物産の売上高の合計額30810×0002(＝0.2%)を1年目とし，2年目以降は「前年度×1.021(＝1＋2.1%)」とする．

② 上目白産業の売上高と中落合物産の売上高の合計額30810×0.001(＝

表5.4　中落合物産がもたらす予想FCF(シナジーを考慮しない場合)

年　度	0	1	2	3	4	5	6	7	8	9	10
売上高	11010	11241	11477	11718	11964	12216	12472	12734	13001	13275	13553
(－)売上原価	9854	10051	10252	10457	10666	10880	11097	11319	11546	11776	12012
(－)販管費	958	977	997	1017	1037	1058	1079	1100	1122	1145	1168
営業利益	198	213	228	245	261	278	296	314	334	353	374
(－)法人税等	95	102	110	117	125	134	142	151	160	170	179
金融費用差引前利益	103	111	119	127	136	145	154	164	173	184	194
(＋)減価償却費等	109	109	109	109	109	109	109	109	109	109	109
(－)設備投資等	109	109	109	109	109	109	109	109	109	109	109
(－)運転資本増加分	0	0	0	0	0	0	0	0	0	0	0
FCF		111	119	127	136	145	154	164	173	184	194

0.1%)を1年目とし，2年目以降は「前年度×1.021(=1+2.1%)」とする．

③ 上目白産業の物流コストと中落合物産の物流コストの合計額1500×0.15 (=15%)を1年目とし，2年目以降は「前年度×1.021(=1+2.1%)」とする．

④ 想定されるシナジー効果をそのままコピーする．

⑤ 上目白産業の販管費と中落合物産の販管費の合計額2700×0.05(=5%)を1年目とし，2〜5年目は「1.1(=1+10%)×前年度」とし，6年目以降は5年目と同じにする．

⑥ 研究開発費は上目白産業の売上高と中落合物産の売上高の合計額30810×0.002(=0.2%)を1年目とし，2年目以降は1年目と同じにする．

⑦ 上目白産業の広告宣伝費と中落合物産の広告宣伝費の合計額50×0.3(=30%)を1年目とし，2年目以降は1年目と同じにする．

表5.5 想定されるシナジー効果の合計

年　度	0	1	2	3	4	5	6	7	8	9	10
上目白産業の売上高	19800										
中落合物産の売上高	11010										
① 両社の合計	30810	62	63	64	66	67	68	70	71	73	74
② 市場価格形成への効果		31	31	32	33	33	34	35	36	36	37
上目白産業の物流コスト	1000										
中落合物産の物流コスト	500										
両社の合計	1500										
③ 売上原価・販管費削減		225	230	235	239	245	250	255	260	266	271
④ 退職手当		24	24	24	24	24					
上目白産業の販管費	1742										
中落合物産の販管費	958										
両社の合計	2700										
⑤ 販管費削減		135	149	163	180	198	198	198	198	198	198
⑥ 研究開発費削減		62	62	62	62	62	62	62	62	62	62
上目白産業の広告宣伝費	35										
中落合物産の広告宣伝費	15										
両社の合計	50										
⑦ 広告宣伝費削減		15	15	15	15	15	15	15	15	15	15
上目白産業の有利子負債	11100										
中落合物産の有利子負債	3200										
両社の合計	14300										
⑧ 金融収支改善		43	43	45	47	49	51	51	51	51	51
⑨ 重複商品輸送拠点の処分			40	40	40	40					
⑩ 情報処理センターの統合		20	25								
⑪ 減価償却費の調整			9	9	9	9	9				

⑧ 上目白産業の有利子負債（借入金）と中落合物産の有利子負債（借入金）の合計額 14300 × 0.003 (=0.3%) を1年目とし，2年目は1年目と同じにする．3〜6年目は「前年度＋{重複商品輸送拠点の処分 × 0.05 (=5%)}」とし，7年目以降は6年目と同じにする．

⑨〜⑪ 想定されるシナジー効果をそのままコピーする．

以上を行ったものが表5.5である．

III. 中落合物産がもたらす予想FCF（想定されるシナジー効果）

1) 番号（①〜⑪）がついているものの算出は，先述のII.「想定されるシナジー」の手順に従う．ただし，1年目の値を計算で出すものは，表5.5の値を整数のまま（小数点以下無視）使用する．そのため，表5.5の値と一部異なるものがある．

2) 給与格差是正および社名変更は0とする．

3) 「①＋②」で各年度の売上高を算出し，また，売上原価は算出しない．

4) 「③物流コスト等＋⑦広告宣伝費＋⑤人員合理化等＋④一時退職金＋給与格差是正＋⑥研究開発費＋⑪減価償却費」で，各年度の販管費を算出

表5.6 中落合物産がもたらす予想FCF（想定されるシナジー効果）

年度	1	2	3	4	5	6	7	8	9	10
①	62	63	65	66	67	69	70	72	73	75
②	31	32	32	33	34	34	35	36	37	37
売上高	93	95	97	99	101	103	105	108	110	112
売上原価										
販管費	−413	−422	−442	−463	−486	−516	−530	−535	−541	−546
③ 物流コスト等	−225	−230	−235	−239	−245	−250	−255	−260	−266	−271
⑦ 広告宣伝費	−15	−15	−15	−15	−15	−15	−15	−15	−15	−15
⑤ 人員合理化等	−135	−149	−163	−180	−198	−198	−198	−198	−198	−198
④ 一時退職金	24	24	24	24	24					
給与格差是正	0	0	0	0	0	0	0	0	0	0
⑥ 研究開発費	−62	−62	−62	−62	−62	−62	−62	−62	−62	−62
⑪ 減価償却費	0	9	9	9	9	9	0	0	0	0
営業外収支等	43	83	85	87	89	51	51	51	51	51
⑧ 金融収支	43	43	45	47	49	51	51	51	51	51
⑨ 重要資産売却		40	40	40	40					
設備投資	20	25	0	0	0	0	0	0	0	0
社名変更	0									
⑩ 情報処理センター統合化	20	25	0	0	0	0	0	0	0	0

* この表は，表5.3の空欄を完全に満たしたものであることに注意しよう．

する.
 5) 「⑧ 金融収支 ＋ ⑨ 重要資産売却」で各年度の営業外収支等を算出する.
 6) 「社名変更 ＋ ⑩ 情報処理センター統合化」で，各年度の設備投資を算出する.

以上を行ったものが表5.6である.

IV. 中落合物産がもたらす予想FCF（シナジーを考慮した場合）
 1) 「表5.4の売上高 ＋ 表5.6の売上高」で各年度の売上高を算出する.
 2) 「表5.4の売上原価 ＋ 表5.4の販管費 ＋ 表5.6の販管費」で各年度の合計を算出する.
 3) 「売上高 — 2)の合計」で各年度の営業利益を算出する.
 4) 表5.6の営業外収支等を各年度の臨時損益等とする.
 5) 「営業利益 ＋ 臨時損益等」で各年度の合計を算出する.
 6) (iii)「一般的な前提」に基づき，「5)の合計 × 0.48（＝48％）」で各年度の法人税等を算出する.
 7) 「5)の合計 — 法人税等」で各年度の金融費用差引前利益を算出する.
 8) 「表5.4の減価償却費等 ＋ 表5.6の減価償却費」で各年度の減価償却費等を算出する.
 9) 「表5.4の設備投資等 ＋ 表5.6の設備投資」で各年度の設備投資等を算出する.
 10) 「金融費用差引前利益 ＋ 減価償却費等 — 設備投資等」で各年度のFCFを算出する.

以上を行ったものが表5.7である．ただし，FCFの現在価値と割引率 (r) については後述のVI.「11年目以降の中落合物産のFCF（残余価値）と企業価値（10年間のケースのみ）」で取り上げる.

なお，割引率は0.079，すなわち7.9％とする．この値の算出については，より理論的かつ明快な方法があるが，ここでは省略する.

VI. 11年目以降の中落合物産のFCF（残余価値）と企業価値（10年間のケースのみ）

 1) 表5.7から10年目のFCF $\{FCF(10)\}$ 563 を，表5.7から最終的な割引率 (r) 0.079（＝7.871％を小数点以下第2位で四捨五入）を，(iii)「一般的な前提」から成長率 (g) 0.021（＝2.1％）をそれぞれ抜き出し，「$FCF(10)/(r-g)$」で11年

表5.7 中落合物産がもたらす予想FCF(シナジーを考慮した場合)

年度	0	1	2	3	4	5	6	7	8	9	10
売上高	11010	11241	11477	11718	11964	12216	12472	12734	13001	13275	13553
シナジー効果		93	95	97	99	101	103	105	108	110	112
売上高		11334	11572	11815	12063	12317	12575	12839	13109	13384	13665
(−)売上原価	9854	10051	10252	10457	10666	10880	11097	11319	11546	11776	12012
(−)販管費	958	977	997	1017	1037	1058	1079	1100	1122	1145	1168
小計	10812	11028	11249	11474	11703	11937	12176	12420	12668	12921	13180
シナジー効果		−413	−422	−442	−463	−486	−516	−530	−535	−541	−546
合計		10615	10827	11032	11240	11451	11660	11890	12133	12381	12633
営業利益		719	746	783	823	866	915	950	976	1004	1032
臨時損益等		43	83	85	87	89	51	51	51	51	51
合計		762	829	868	910	955	966	1001	1027	1055	1083
(−)法人税等		366	398	417	437	458	464	480	493	506	520
金融費用差引前利益		396	431	452	473	496	502	520	534	548	563
(+)減価償却費等		109	118	118	118	118	118	109	109	109	109
(−)設備投資等		129	134	109	109	109	109	109	109	109	109
FCF		376	415	461	482	505	511	520	534	548	563
現在価値	3233	349	356	367	356	346	324	306	291	277	263

$r = 0.079$

目以降の中落合物産のFCF(残余価値=RV)を算出する.

2) RVは10年後の値なので「$RV/(1+r)^{10}$」でその現在価値を算出する.

3) 「表5.7のシナジーを考慮した場合の予想FCF/$(1+r)^{(年)}$」で各年度のFCFの割引現在価値を算出し,それを合計してFCFの10年分の流列の割引現在価値の総和(3233)を算出する.ただし,この作業のみ表5.7で行っている.

4) 「FCFの10年分の流列の割引現在価値の総和 + RVの現在価値」で合計を算出する.

5) (i)「貸借対照表(買収直前)」から中落合物産の流動資産(現預金)1230を現金・預金として,また,負債(借入金)3200を有利子負債としてそれぞれ抜き出し,「4)の合計 + 現金・預金 − 有利子負債」で中落合物産の企業価値を算出する.

以上を行ったものが表5.8である.

この表から中落合物産の企業価値は5801億円であることがわかる.

(2) 企業の相対的評価

前述の「企業の絶対的評価」に対して,財務諸表分析を中心として,他の比較対象との関連において評価を行おうという,「企業の相対的評価」を以下で取り

5.2 企業評価の理論

表 5.8 11 年目以降の中落合物産の FCF (残余価値) と企業価値 (10 年間のケースのみ)

FCF (10)	563	今後 10 年間の FCF の現在価値合計	3233
割引率 (r)	0.079	11 年目以降の FCF の残余価値の現在価値	4538
売上成長率 (g)	0.021	今後の FCF の価値の合計	7771
残余価値 (RV)	9 707	現金・預金	1230
		有利子負債	3200
RV の現在価値	4538	企業価値	5801

上げる．財務分析，経営診断，得点化とランキングなどがその代表的なものである．

経営活動には，企業の現時点での基礎体質をとりあえず前提あるいは制約条件として，次の活動が要求される．

① 企業環境に働きかける種々の対外戦略と，それを展開するために必要な企業体質の形成を行う構造計画 (資源の投入計画) の策定．

② その具体的な実施計画としての予算の編成．

③ 予算の具体的な執行として個々の事業計画を遂行し，目標達成のためのコントロールを行う経常的活動の実行．

③の経常的活動の結果，新しい企業体質が形成され，次期のプランニングおよびコントロールへとフィードバックされる．

経営分析は，このような経営活動の一面を財務諸表を中心とした種々の経営数値情報で捉えて分析するものである，

企業経営の実体が，最終的には財務諸表の数値に集約されて表されることは間違いないが，内部要因と外部要因，定性的要因と定量的要因が複雑な因果関係をもっている経営の実体のすべてを，財務諸表分析のみで的確に捉えることは，現実にはきわめて困難である．理想的にはその背景にある諸要因との因果関係を含めた考察がなければ，表面的な数値観察に止まるであろう．経営分析の領域を，財務諸表の分析にとどまらず，企業の計数化できない潜在的要因や，関連外部情報の分析までも含む広範なものにまで拡大して考えることは当然の姿勢である．すなわち，経営分析を財務諸表分析と同義に解することが，もはや狭義にすぎるということは誰もが認めることであると考えられる．

このように経営分析の対象領域は広いものだが，財務諸表分析は，その発展の歴史，分析内容および他の分析との関連などからみて，経営分析の中核に位置づけられることは，繰り返しになるが，間違いない．

財務諸表分析は，損益計算書，原価計算資料および貸借対照表を分析資料として，一定期間の経営活動について，大きく分けると，その成果である収益性の分析（動態分析）と，財務の流動性および安全性の分析（静態分析）を行うものである．
　伝統的に分類される経営分析の体系は，次のとおりである．
① 利益と売上高の関係の分析（売上高利益率）
② 売上高と資本の関係の分析（資本回転率）
③ 資本と利益の関係の分析（資本利益率）　　　　以上，動態分析．
④ 資産構成の適否の分析（資産構成比率）
⑤ 資本構成の適否の分析（資本・負債比率）
⑥ 資産と資本の関係分析（流動性比率）　　　　　以上，静態分析．
　これらを経営活動の統一目標との関係からみれば，それを総合的・統一的に表示する資本利益率の分析を頂点とし，その構成要素である部分経済性の分析，すなわち資本の利用能率（資本回転率）と利益実現に要した原価能率（売上高利益率）の分析が基本的な関連分析として展開されることとなる．次の式はこの関係を表している．

$$\frac{利益}{資本} = \frac{売上高}{資本} \times \frac{利益}{売上高}$$

　　　（資本利益率）　　（資本回転率）　　（売上高利益率）

　また，収益性がいかに高くても企業の安全性が確保されていなければ危険である．収益性分析とともに，その支払い能力を中心とした，財務の安全性分析が行われる．ここで財務の安全性とは，流動性を中心とした，企業に必要な資金を必要なときに必要なだけ適時投入しうる準備ができているか否かに関する分析である．
　このように，経営分析ではいろいろな数値をたくさん計算するが，会社全体の評価をするときは，収益性，安全性，成長性，損益分岐点，付加価値，資金運用から代表的な数値を選んで，総合的評価をする必要がある．すなわち，当該企業が集団のなかでどのような相対的な地位にあるのか，すなわち，あるべき状態を示す値としての「標準値」，あるいは当該企業が所属するグループの「平均値」に対する立場，などを参考にした，総合評価を知る必要性がある．その代表的な手法がウォールの指数法である．

(a) **ウォールの指数法**： 指数法(index method)では，20世紀初めにWallが考案したウォールの指数法が有名である．これは，信用分析，すなわち資金の貸し手にとって借り手がどの程度の返済能力をもつかを分析するために流動比率，固定比率，売上債権回転率など七つの経営比率を取り上げ，これらを合成して会社の安全性を総合的に評価するものである．

ただ，Wallの場合は信用分析が目的で，現代の会社を分析するには時代背景が違ってきているため，この指数法を使う場合も，現代においては会社を総合評価する目的に合わせて新たに設定していく操作が必要となる．

指数法は，企業評価における総合的判断法の草分けである．その特徴は，選択された各種の比率に対して，それぞれの重要度に応じてウェイトをつけ，それを合計して企業全体の評点とする「加重比率総合法」を採用していることである．

① 静態比率3，動態比率4，計7種の比率を選択し，それに全体を100とするウェイトをつける(表5.9)．

② 多数企業の比率を基礎として標準比率を求め，(各企業の比率/標準比率)×100を比率ごとの評価値(関係比率)とする．

評価に際して「標準比率」を導入しているのが注目される．この標準比率は，算術平均，並数，中位数の算術平均値である．

③ 比率ごとの評価値(関係比率)に先のウェイトを乗じて合算し，総合指数を算出する．この指数は，その企業の各種比率の評価を総合した結果を示し，100以上であれば標準以上ということになる．

(b) **ダイヤモンド企業評価(得点法)**： ダイヤモンド上場企業格付けは，ダ

表 5.9　ウォールの指数法

流動資産/流動負債	① ウェイト	② 標準比率	③ ある会社	④ ③/②	⑤ ④×①
流動比率	25	200%	220%	1.10	27.50
自己資本/固定資産	15	250	220	0.88	13.20
自己資本/負債	25	150	160	1.07	26.67
売上/受取勘定	10	600	500	0.83	8.33
売上/手持商品	10	800	600	0.75	7.50
売上/固定資産	10	400	400	1.00	10.00
売上/自己資本	5	300	240	0.80	4.00
(計)	100				97.20

イヤモンド社が行っていた，企業の総合評価の一つの代表的な手法である．これは，残念ながら1994年4月発表の1994年版限りで終了してしまったが，指数法とは異なる「得点法」によるユニークなものであった．以下ではそれを引用して検討しよう．

……この会社格付けはダイヤモンド社独自のものである．方法は，会社規模（資本金）に経営考課点を掛け合わせて算出する．経営考課は，経営効率によって採点する．大会社も小会社も，差別しない．ところが，大会社には，目にみえぬ実力というものがある．底力というべきか．それを数字に表せないか．そこで考案したのが，この会社格付けである．もっとも，お手本があった．ある官庁で使っていた会社格付けの算式を，参考にした．これを開発してから，早や二十数年になる．会社格付けには，一定の方式があるわけではない．アメリカと欧州ではやり方が違うし，同じアメリカでも格付け機関によって方式が異なる．いずれが優るか，一長一短である．しかし，いずれにしても，実績の積み重ねが勝負である．

各企業について，経営の善し悪しを診断し，100点満点として採点するのである．学校でいう通信簿である．診断する方法は，二つの面に分かれる，収益力と資産内容である．診断に用いる指標は，合計六つである．六つの指標および採点基準は，別表(表5.10)のとおり．6指標には，ウエートをかける．一番ウエートを置くのは，総資本営業利益率(収益力)と，自己資本比率(資産内容)である．この両指標は，それぞれの代表指標と考えられるからである．他の4指標は，いわばその補助指標．世上，経営分析に用いられる指標にはいろいろある．ここでも，以前は30近い指標で診断したこともあったが，指標が多いと煩雑になるし，指標を多くしたからといって，必ずしも診断が的確になるとは限らない．いろいろ研究した結果，この6指標に集約した．これは状況により毎年入れ換えがありうる．

格付けは，4ランク(A〜D)に大別される．さらに，A, B, Cのなかを3分する．その区別は，格付け点によって行う．大まかにいえば，B以上であれば優良，Aは超優良である．Cは並み，Dは下である……

(c) **レーダーチャート法およびわが国の企業の分析例**： 次に，わが国の企業の現実のデータを用い，得点法とそれによるレーダーチャートを使った分析を行ってみよう．

5.2 企業評価の理論

表 5.10 経営考課点の計算表

〔採点の方法・表の見方〕
① 経営考課は6項目の採点による．満点は100点．同じ点の場合は総資産営業利益率の高い方が上位となる．
② 対象会社は，東京，大阪，名古屋の3証券取引所上場のうち，金融・損保を除く，第1部1146社，第2部759社．
③ 数字は決算短信と有価証券報告書ベース．1993年8月期までの最新決算期（中間決算を除く）．
④ 利益率の計算は年率換算．自己資本純益率は期末資本合計に対するもの．
⑤ 新株申込証拠金は資本合計より除く．
⑥ 採点合計によるランク次は右表のとおり．

考課ランク	採点合計
A (優良)	75〜100点
B (良)	50〜 74点
C (可)	30〜 49点
D (不良)	0〜 29点

〔採点基準〕

	採点ランク 採点項目	算式	a	b	c	d	e
収益力	総資本営業利益率	営業利益＋受取利息・配当金/総資本額	12.0%以上 40点	〜9.0% 30点	〜6.0% 20点	〜3.0% 10点	3%未満 0点
	自己資本純益率	当期純利益(税引)/資本合計	10.0%以上 10点	〜7.5% 8点	〜5.0% 6点	〜2.5% 4点	2.5%未満 0点
	自己資本配当率	配当金/資本合計	5.0%以上 10点	〜3.8% 8点	〜2.5% 6点	〜1.3% 4点	1.3%未満 0点
資産内容	自己資本比率	資本合計/総資本額	50%以上 20点	〜40% 15点	〜30% 10点	〜20% 5点	20%未満 0点
	資本装備率	資本合計/資本金＋資本準備金	500%以上 10点	〜400% 8点	〜300% 6点	〜150% 4点	150%未満 0点
	固定比率	固定資産(有形＋無形＋投資)/資本合計	100%未満 10点	〜149% 8点	〜199% 6点	〜249% 4点	250%以上 0点

〔経営比較・分析のプロセス〕

① 98年度春期決算段階で，業界の売上高上位5社を選出．

② 貸借対照表・損益計算書を入手し，入力．

③ 入力データをもとに，各財務指標を計算．

④ 計算された財務指標を評価し，点数化する．そしてそれをレーダーチャートにする．

⑤ 出された結果に対して，どのような経緯を踏んでそのような結果になったのかを，各企業ごとに分析する．

⑥ 企業ごとに出された分析結果を吟味し，業界全体の動向を知る．

このうち，ここでは①から④までを掲げる．

表5.11 ダイヤモンド社の会社格付け算式

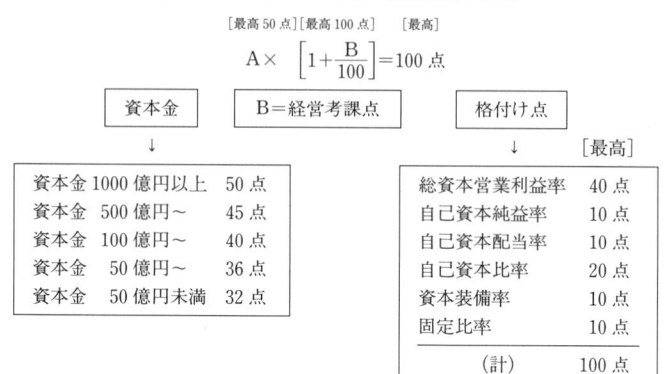

[最高50点] [最高100点]　　[最高]
$$A \times \left[1 + \frac{B}{100}\right] = 100\text{点}$$

資本金	B＝経営考課点	格付け点
↓		↓　　[最高]

資本金 1000億円以上	50点
資本金 500億円〜	45点
資本金 100億円〜	40点
資本金 50億円〜	36点
資本金 50億円未満	32点

総資本営業利益率	40点
自己資本純益率	10点
自己資本配当率	10点
自己資本比率	20点
資本装備率	10点
固定比率	10点
（計）	100点

〔格付けが決まるまで〕
① 資本金によって，A点が決まる．
② 有価証券報告書から，経営考課点Bを算出する．
③ AとBを，「格付け算式」に挿入し，格付け点を計算する．
④ 「格付け区分表」によって，格付け（AAA〜D）を決定．

〔格付け区分表〕

格付け点	格付け	
85点以上	AAA	⎫
80点〜	AA	⎬ Aゾーン
75点〜	A	⎭
70点〜	BBB	⎫
65点〜	BB	⎬ Bゾーン
60点〜	B	⎭
55点以上	CCC	⎫
50点〜	CC	⎬ Cゾーン
45点〜	C	⎭
45点未満	D	} Dゾーン

〔分析に使用する財務指標〕

分析に使用した財務指標は，以下の6項目である．

① 会社の資金力（流動性をみる）

流動比率：短期能力をみる指標で一般的に200％以上が好ましいとされているが，業界によっても違うので一概に200％なければだめとはいえない．

② 会社の安全性（安全性をみる）

自己資本比率：自己資本比率は高い方がよいが高すぎると会社の機動力は衰える傾向がある．一般的に40％以上欲しい．

③ 会社の収益力
（ⅰ）売上に対する利益の状態をみる．
売上高経常利益率：売上高と経常利益との比率で会社の実力を表す重要な比率．
（ⅱ）総資本に対する利益の状態をみる．
総資本経常利益率：総資本はいわば会社が経営に投入している資本で，その資本と経常利益の関係で経営の評価ができる．

④ 会社の資金運用力
（ⅰ）総資本の状態をみる．
総資本回転率：総資本の運用効率をみることによって会社の資金運用力をトータルでみることができる．
（ⅱ）売上債権の状態をみる．
売上債権回転率：この計算によって売上債権の残高が売上の規模に妥当な範囲か，無理な販売政策をとって信用が膨張していないかをチェックする．

⑤ 会社の発展力
売上高および利益の伸びと内訳をみる．
売上高伸び率・経常利益伸び率・売上高付加価値率：収益の伸び率をみることにより，その企業の勢いがわかる．

⑥ 会社の企業力
（ⅰ）年齢をみる
取締役平均年齢・従業員平均年齢：人の若さをみることにより，その会社の力をみる．
（ⅱ）付加価値のうち人件費がどれだけの割合があるかをみる．
労働分配率：この数字が大きければ会社の経営は人件費の重圧に耐えられなくなる．米国では40％ぐらいが好ましいといわれているが，日本では50％が目標値である．

〔実際のデータによる分析〕
ここからは，いままで述べてきたような分析基準によって作成したオリジナルの分析トゥールを利用して，自動車業界の経営分析を行った．各会社の貸借対照表と損益計算書を入力することで，さまざまな財務指標の数値がわかるようになっており，そのなかから特に重要な数値を会社の評価基準とした．

分析において重要であると判断したのは，流動比率・自己資本比率・総資本経常利益率・売上高経常利益率・総資本回転率・売上債権回転率・売上高伸び率・経常利益伸び率・売上高付加価値率・取締役年齢・従業員年齢・労働分配率の12項目であり，それぞれの項目に評点基準を設けて各社の合計得点によってまず評価した．財務指標の評点基準は表5.12にあるとおりである．さらに，これらの12項目を企業に大切な力である6項目の基準とし，レーダーチャートによる総合的な企業分析を行った．自動車業界のある企業の経営分析の結果を表5.12にまとめてある．ここでの総合得点は24点で，ここでの業界内5社でも残念ながら一番低い点となった．いずれの六つの面でも，これから改善が必要，ということになる．

表5.12 得点計算の表
〔財務指標の評点〕

	(%)	50以下	50~60	60~80	80~100	100~120	120~140	140~160	160~180	180~190	190以上
流動比率		1	2	3	4	5	6	7	8	9	10
	(%)	10以下	10~20	20~25	25~30	30~35	35~40	40~45	45~50	50~60	60以上
自己資本比率		1	2	3	4	5	6	7	8	9	10
	(%)	0.5以下	0.5~1.5	1.5~2.5	2.5~4	4~5.5	5.5~6.5	6.5~7.5	7.5以上		
総資本経常利益率		1	3	5	7	9	11	13	15		
	(%)	0.5以下	0.5~1	1~1.5	1.5~2	2~3	3~4	4~4.5	4.5~5	5~5.5	5.5以上
売上高経常利益率		1	2	3	4	5	6	7	8	9	10
	(回)	0.9以下	0.9~1	1~1.1	1.1~1.2	1.2~1.4	1.4~1.6	1.6~1.7	1.7~1.8	1.8~1.9	1.9以上
総資本回転率		1	2	3	4	5	6	7	8	9	10
	(回)	5以下	5~7	7~9	9~11	11以上					
売上債権回転率		1	2	3	4	5					
	(%)	0以下	0~1	1~2	2~3	3~5	5~7	7~8	8~9	9~10	10以上
売上高伸び率		1	2	3	4	5	6	7	8	9	10
	(%)	0以下	0~1	1~2	2~3	3~5	5~7	7~8	8~9	9~10	10以上
経常利益伸び率		1	2	3	4	5	6	7	8	9	10
	(%)	10以下	10~15	15~20	20~25	25以上					
売上高付加価値率		1	2	3	4	5					
	(歳)	60以上	58~60	56~58	54~56	54以下					
取締役年齢		1	2	3	4	5					
	(歳)	38以上	36~38	34~36	32~34	32以下					
従業員年齢		1	2	3	4	5					
	(%)	55以上	50~55	45~50	40~45	40以下					
労働分配率		1	2	3	4	5					

5.2 企業評価の理論

〔財務指標〕

流動比率	97.9%
当座比率	54.2%
自己資本比率	25.8%
固定比率	209.8%
長期適合率	101.9%
固定資産回転率(回)	2.84
減価償却率	73.6%
棚卸資産回転率(回)	12.28
製品・商品回転率(回)	23.99
売上債権回転率(回)	3.837
売上債権回転日数	95.1
総資本回転率(回)	1.458
売上債権回転率(回)	5.52
売上総利益率	13.1%
売上高営業利益率	−0.6%
売上高経常利益率	−0.9%
売上高当期利益率	−1.0%
総資本経常利益率	−1.3%
資本金当期利益率	−18.8%
損益分岐点(百万円)	2 619.223
限界利益率	13.1%
付加価値額(百万円)	242 871
労働生産性(百万円)	9
労働分配率	80.1%
売上高伸び率	−3.3%
経常利益伸び率	−138.2%
売上高付加価値率	9.7%
取締役平均年齢(歳)	58.6
従業員数(男)	25 439
従業員数(女)	1 885
従業員平均年齢(男)	40.4
従業員平均年齢(女)	30.5
1人あたり売上高(百万円)	92
1人あたり利益(万円)	−94

〔評点〕

	財務指標		評点
資 金 力	流動比率	97.9%	4
安 全 性	自己資本比率	25.8%	4
収 益 力	総資本経常利益率	−1.3%	1
	売上高経常利益率	−0.9%	1
資金運用力	総資本回転率(回)	1.46	6
	売上債権回転率(回)	5.52	2
発 展 力	売上高伸び率	−3.3%	1
	経常利益伸び率	−138.2%	1
	売上高付加価値率	9.7%	1
企 業 力	取締役平均年齢(歳)	58.6	2
	従業員平均年齢(歳)	40	1
	労働分配率	80.1%	1
総 合 得 点			24

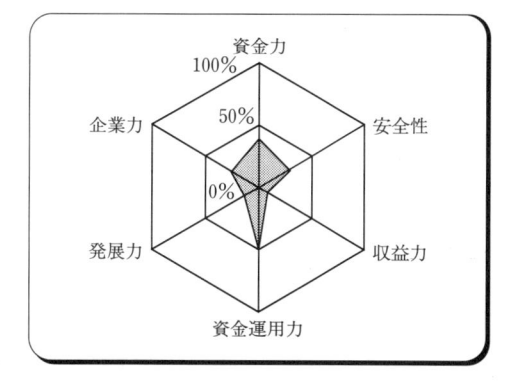

6

企業評価モデル(2)

6.1 債券格付けモデル

(1) 債券の格付け

債券の格付けとは，企業が発行する個別の債券について，事前の約定どおりに元利金が支払われる確率(確実性の程度)を，何らかの記号によって投資家に情報として提供するものである．

企業が債券を発行する際に，投資家保護ということでなされていた規制(適債基準)が1996年1月に撤廃されて以来，格付け機関が債券の格付けを行う直接の当事者となった．格付け機関は通常，債券の発行体(最も多いのは企業)から，格付けの依頼を受けて，格付けを行い，その結果を発行体に伝える．発行体の同意が得られしだい，「格付け」として公表する．

公表された格付けは投資家に対する情報である．投資情報としての格付けのうち，重要なのはアルファベットの組み合わせによる記号で表現される格付け結果情報である．これ以外にも，格付け機関による当該発行体の経営状況に関するコメント(文章情報)が付されるが，ここでは触れない．

昨今，あたかも格付け情報がそのまま発行企業の全体的特性を表すかのような誤解がなされているが，格付けの特徴は要約すると次のように整理される．

① 格付けは，発行企業の，その時点での元利金の支払い能力を測定するものである．

② 格付けは，そのときに発行される個々の債券を対象とする．

③ 格付けの高低は，発行企業の絶対的な評価の基準ではない．

④ 格付けは，当該債券に対する格付け機関の「一つの意見」である．

特に，第二の特徴である「格付けはそのときに発行される個々の債券を対象とする」については，格付けは発行企業自体でなく，個々の債券を対象として成立するものであって，特に事業債の場合，同一の企業が発行する社債であっても，社債権者との権利関係によっては異なる格付けがなされる可能性があることが重要である．

第三の特徴である「格付けの高低は発行企業の絶対的な評価の基準ではない」は，当該企業が発行する債券に優劣がない場合，債券格付けは各発行企業の全発行債券につき同一になる．その場合，格付けは発行企業の全体としての元利金支払い能力を反映したものと見なされうるが，この格付けは発行企業自体の社会的な評価とは無関係である．高い格付けを維持することは，発行企業がいわゆる一流の企業であることを意味するとは限らないということである．

(2) **格付け記号と定義**

1999年1月31日現在，日本で大蔵省が省令に基づいて「指定格付け機関」として格付け事業を行っている格付け機関は7社あるが，ここでは，日本格付投資情報センター(R&I)のものを取り上げる．その記号はさらに，アルファベットと＋(プラス)，－(マイナス)の記号の組み合わせからなる．

格付け機関は自らが使用している格付け記号についてそれぞれ定義を明らかにしている．この定義の意味は，格付けランク別におおよそデフォルト率などのデータと関連づけができるであろう，ということである．詳細は表6.1のとおりである．

(3) **格付けに関する分析**

1998年3月にスタンダードアンドプアーズ(S&P)が日産自動車の格付けを

表6.1 R&I格付けの定義

AAA	債務履行の確実性は最も高く，多くの優れた要素がある．
AA	債務履行の確実性はきわめて高く，優れた要素がある．
A	債務履行の確実性は高く，部分的に優れた要素がある．
BBB	債務履行の確実性は十分であるが，将来環境が大きく変化した場合，注意すべき要素がある．
BB	債務履行の確実性は当面問題はないが，将来環境が変化した場合，注意すべき要素がある．
B	債務履行の確実性に問題があり，絶えず注意すべきである．
CCC	債務不履行になる可能性が大きく，将来の履行に懸念を抱かせる要素がある．
CC	債務不履行になる可能性がきわめて大きく，将来の履行に強い懸念を抱かせる要素がある．
C	最低位の格付けで，債務不履行に陥っているか，またはその懸念がきわめて強い．

BBB から BBB− へ 1 段階引き下げたのを皮切りに，日系の格付け機関 R&I が，日産の格付けを 2 段階引き下げて A− に，三菱自動車工業に対しては一気に 3 段階引き下げて BBB+ にすると発表した．

さらに 8 月にはムーディーズが日産を 2 段階，三菱自工を 1 段階それぞれ引き下げると発表．そして翌 20 日（日本時間 21 日）には，世界中の自動車メーカーで唯一 Aaa を取得していたトヨタ自動車に対しても 1 段階引き下げ，Aa1 にすると発表した．

ムーディーズは，「自動車メーカーの格付けを決めるうえで，財務体質がより重要な要素になってきた」と発表している．なぜなら新車の開発サイクルが極端に早まっているうえに，排ガス規制の強化に伴っての新型エンジンの開発など，今後，資金需要は膨らむ一方だと予想されるからである．このため潤沢な資金がないと，熾烈な技術開発競争に勝ち残ることがむずかしくなってくるからである．

これが今期，莫大な連結赤字を計上し，財務体質が悪化の一途をたどる日産，三菱自工の格下げの背景であるということができる．

8 月，ムーディーズはトヨタの長期債について最上級の Aaa から Aa1 へと 1 段階引き下げると発表した．格下げの理由を，

① 終身雇用を維持することはトヨタの能力を妨げる．
② 自動車業界の国際的な競争の激化と国内需要の低迷．

と述べている．

ムーディーズをはじめとするほとんどの格付け機関は，「定量分析」と「定性分析」を組み合わせて格付けを決めている，とされる．

定量分析とは，財務関係のデータを駆使して，経営や資本効率などを探るものである．定性分析とは経営戦略や経営者の資質など，数値に表しにくい情報を検討することである．このことを踏まえてこの格下げについて考えてみよう．ムーディーズは 2 日続けて日本の自動車メーカーの格下げを行っている．初日に格付けが下げられた日産と三菱自工の理由は，業績不振による財務体質の悪化であった．つまり，「定量的な部分」の評価によって引き下げられたということになる．一方，翌日に引き下げられたトヨタはどうであろうか．トヨタの格下げ理由は，自動車業界の国際的な競争の激化と国内需要の低迷，そして，終身雇用の維持であった．つまり「定性的な部分」の評価によって格付けが変わったということに

なる．ここに，格付け機関がそれぞれ独自に行っている格付け手法の「妙味」があるといえる．以下では，このような格下げに関する動きについて，財務データによる検討を中心に考えてみる．

前述のとおりムーディーズをはじめとするほとんどの格付け機関は，「定量分析」と「定性分析」を組み合わせて格付けを決めている．このうち「定性分析」は主観が入るだけに外部の人間がうかがい知ることはむずかしい．しかし，定量分析は客観的なデータを駆使するためさほどむずかしいものではない．では格付け機関は定量分析をどのように行っているのであろうか．もちろん分析の手法は各会社ごとに違う．しかし，ムーディーズをはじめ各格付け機関とも「自己資本比率」，「投下資本利益率(ROI)」，「インタレストカバレッジ」という三つの指標を重要視しているという．

まず，「自己資本比率」とは，総資産のうち，どれだけ自己資本があるかということを示す指標である．この比率が高いということは，資金を外部に依存しているウェイトが小さいということを示す．

次に，「投下資本利益率(ROI)」とは，投資の採算を表す指標である．この値が大きければ大きいほど過去に有効な投資が行われ，収益力が高いということになる．

最後の「インタレストカバレッジ」とは，企業の金利負担能力のことであり，

$$\frac{(営業利益＋受取利息配当金)}{支払利息割引料} \times 100$$

という定義式である．支払うべき金利を収益のなかから余裕をもって負担できているかどうかを把握するものである．

これらの格付け機関が重要視している三つの指標を中心に，その他各指標を算出し総合的な分析をしていきたい．

分析の結果は以下のとおりである．分析の方法でも述べたとおり「自己資本比率」，「ROI」，「インタレストカバレッジ」の3指標を中心にみていくことにする．上の分析結果からもわかるように高い格付けを取得しているトヨタ，ホンダと，格付けを下げられている日産，三菱自工との間には明確な差異がみられる．

このことは，最新のデータである1998年の財務指標と前年の1997年の財務指標を比較することでより顕著になる．格付け機関が重視しているといわれている3指標を含めたほとんどの指標が，格下げの相次いでいる日産と三菱自工では悪

表 6.2

1997年 財務比率

	ホンダ	三菱自工	日産	トヨタ
流動比率	123.7%	105.7%	104.4%	135.5%
当座比率	81.1%	72.5%	83.1%	122.9%
自己資本比率	55.4%	28.0%	47.6%	64.8%
固定比率	102.9%	173.8%	139.3%	89.6%
長期適合率	87.4%	94.6%	97.9%	84.1%
固定資産回転率(回)	3.3	3.2	1.7	2.2
減価償却率	76.0%	73.0%	77.0%	79.0%
棚卸資産回転率(回)	20.4	14.7	24.6	46.0
製品・商品回転率(回)	26.3	30.0	45.2	74.2
売上債権回転率(回)	7.6	3.8	5.8	6.7
売上債権回転日数	47.7	96.5	62.4	54.5
総資本回転率(回)	1.9	1.5	1.2	1.3
売上債権回転率(回)	11.9	5.0	7.7	7.8
売上総利益率	19%	15%	20%	15%
売上高営業利益率	5.7%	2.2%	3.1%	5.7%
売上高経常利益率	5.9%	2.2%	2.2%	6.8%
売上高当期利益率	3.2%	0.6%	1.4%	3.3%
ROI(総資本経常利益率)	11.3%	3.5%	2.5%	9.1%
資本金当期利益率	105%	11%	25%	86%
売上高伸び率	16.0%	2.5%	4.9%	14.0%
経常利益伸び率	253.0%	4.8%	150.0%	82.0%
インタレストカバレッジ	13.6	1.5	1.5	29.2
従業員数(男)	27426	25898	38665	64318
従業員数(女)	976	1929	2601	6206
1人あたり売上高(百万円)	100	93	89	129
1人あたり利益(万円)	318	54	124	430

1998年 財務比率

	ホンダ	三菱自工	日産	トヨタ
流動比率	123.0%	97.9%	100.1%	175.6%
当座比率	75.2%	54.2%	77.8%	145.5%
自己資本比率	60.7%	25.8%	41.8%	69.4%
固定比率	95.5%	209.8%	143.5%	89.1%
長期適合率	88.1%	101.9%	100.0%	79.0%
固定資産回転率(回)	3.5	2.8	1.6	1.8
減価償却率	76.0%	74.0%	78.0%	78.0%
棚卸資産回転率(回)	20.3	12.3	21.5	36.0
製品・商品回転率(回)	26.1	24.0	39.0	58.0
売上債権回転率(回)	8.6	3.8	5.0	6.0
売上債権回転日数	42.4	95.0	70.0	61.0
総資本回転率(回)	2.0	1.5	1.0	1.1
売上債権回転率(回)	14.6	5.5	6.9	7.2
売上総利益率	21%	13%	18%	19%
売上高営業利益率	6.5%	−0.6%	2.4%	7.2%
売上高経常利益率	6.9%	−0.9%	1.6%	8.1%
売上高当期利益率	4.2%	−1.0%	0.5%	4.7%
ROI(総資本経常利益率)	13.8%	−1.3%	1.7%	8.8%
資本金当期利益率	149%	−19%	8.1%	92%
売上高伸び率	8.1%	−3.3%	−3.9%	−15.0%
経常利益伸び率	28%	−139%	−29%	0.8%
インタレストカバレッジ	32.0	−1.6	0.6	41.5
従業員数(男)	27179	25439	37597	63932
従業員数(女)	954	1885	2372	5821
1人あたり売上高(百万円)	109	92	89	111
1人あたり利益(万円)	455	−94	41	523

化している．一方，格下げされたとはいえ依然自動車会社では世界一の格付けを取得しているトヨタとホンダは一部悪化している指標があるものの，基本的には前年の水準を維持，あるいは改善しているといえる．では，個別に指標をみていくことにしよう．

まずは自己資本比率．トヨタとホンダは60%をこえているのに対し，日産と

三菱自工は50%にも満たない．自己資本比率が低いということは，それだけ資金を外部に依存している割合が高いということを表している．格付け機関は今後の技術開発競争を考えると潤沢な資金がないと生き残っていけないと考えているので，高い格付けを取得するにはマイナスである．

また，自己資本の減少から推測されることとしては，不良債権の処理があげられる．不良債権を早めに処理するということは，今後の企業活動を考えるうえで評価されるべきではあるが，あとに述べるインタレストカバレッジをみる限りでは，日産と三菱自工は不良債権処理のために資本を減少させているとは考えにくい．

では，そのインタレストカバレッジをみてみよう．これは企業の金利負担能力を示す指標である．これをみると会社が支払利息の何倍の利益をあげているかがわかるため，格付け機関が格付けを決定する際に最も重視している指標であるといわれている．これでもトヨタ・ホンダと日産・三菱自工との差は明確である．先にも述べたとおり，日産の有利子負債は3兆4000億円，三菱自工は2兆円と莫大な金額である．インタレストカバレッジとはこれらの負債に対して発生している金利を，収益のなかからどれぐらい余裕をもって負担できているかをみるものであるが，1998年のデータをみると日産は0.6倍，三菱自工に至っては−1.6倍である．インタレストカバレッジが1倍に満たないということは会社の利益からでは金利を負担できないということになる．会社の利益から負担できない金利の返済には当然会社が所有している資産，すなわち自己資本があてられる．実際に表6.2からわかるとおり，1997年から1998年の1年間に日産は約86億円，三菱自工は約323億円もの自己資本が減少している．トヨタが約2500億円，ホンダが約1100億円と大幅に増加しているのと比べると実に対照的である．このことから，いかに日産・三菱自工の財務内容が悪化しているかがみてとれる．

表6.3 自動車4社の自己資本増減額

	1997年	1998年	減少額
日産	1538454	1529898	−8556
三菱自工	477308	445032	−32276
トヨタ	4618707	4874155	255448
ホンダ	838369	949612	111243

(単位：百万円)

最後は ROI. これは，過去においてどれだけ有効な投資が行われたかを表すものであり，その企業の収益力をみる指標である．もちろん，高ければ高いほどよいのである．この指標を見比べてもまた，トヨタ・ホンダと日産・三菱自工の差は歴然としている．前者が10%前後という高い水準にあるのに対して，日産は1.7%，三菱自工は前年実績を大きく下回る −1.6% にまで落ち込んでいる．

また，短期支払能力を示す「流動比率」や長期支払能力を示す「固定比率」も目にみえて差がついている．

いままで述べてきたことを踏まえて今回の日産，三菱自工の格下げを考えると，売上の減少 → インタレストカバレッジ低下 → 自己資本減少 → 財務内容悪化……という流れがみえてくる．これに国内景気の低迷，株式市場の低迷，アジア通貨危機，国際競争の熾烈化などの定性的な要素が加わって，格下げが行われているのではないだろうか．

6.2 多変量解析による方法

(1) 判別分析とは

判別分析は回帰分析と並ぶ「予測モデル」の代表的手法である．回帰分析が被説明変量の「量の予測」を目的にしているのに対して，判別分析は「質の予測」に重点を置く．たとえば臨床医学の分野では，患者の症状に関するデータからそれがどのような疾患に由来するかを判定し，適切な治療手段を講ずるというような場合に判別分析は利用できる．今回はこれを倒産予測に応用してみたい．

営業所あるいは店舗を設置するのに適した立地条件の判別とか，ある取引先を特約店とするべきか否かの判別といった問題は，企業においてしばしば生ずる．あるいは臨床医学の分野における病名の判定など，このような判別作業は意識すると否とにかかわらず日常誰もが経験することである．

ところで，一口に判別するといっても，判別の基準はただ1通りというわけではない．大きく分けて2種類のケースが考えられる．

その一つは，判別を行うための判定要因が1個の場合である．たとえば，陸上競技で順位を決定する(優劣を判別する)といったケースなどでは，時間や距離のようなただ一つの判定要因で十分である．

これに対してもう一つは，判定要因が複数個の場合である．たとえば前述の代

理店を特約店とすべきかどうかは，売上高や資産内容，信用度など多くの要因を分析する必要があろう．これら複数個の判定要因をただ一つの判定要因に統合する，言い換えれば多次元尺度を一次元尺度に変換することができれば有効である．このような複数個の判定要因から一つの統合判定要因（総合点）を得る方法が判別分析である．

判別関数とは，二つ以上の群（母集団）から取り出した多変量のデータ（連続量）に基づいて，所属不明の新しいサンプルを，そのいずれかの群（分類尺度）に帰属させようとする手法である．

ある企業が優良企業であるか，倒産企業であるかを見きわめるのに有力な財務指標が二つある場合，このうち一つの指標 X_1 だけで判別しようとすると，両群の重なり合う領域の判別が困難である．同様に別の指標 X_2 だけで判別しようとしても重なり合う領域の判別はむずかしい．そこで，X_1 と X_2 の指標を同時に用いて，次の直線を求めてみると両群の分離の度合いはよくなり，指標を増やしていけばさらに向上するものと考えられる．

$$Z = a_1 X_1 + a_2 X_2$$

判別関数は Z を指標 $X_i (i \geq p)$ の1次関数として，優良企業群と倒産企業群との間で x の値が最もよく分離するように，指標の組み合わせ（$X_1, X_2, X_3, \cdots, X_p$）を選定し，そのウェイト（$a_1, a_2, a_3, \cdots, a_p$）を求める手法である．

数学的には，x 軸上での群間変動の群内変動に対する比を最大にする $a_i (i=1, 2, \cdots, p)$ を求めることである．言い換えれば，優良企業群の判別スコアの平均値と倒産企業の判別スコアの平均値との差をできるだけ大きくし，かつ群ごとの判別スコアの平均からばらつきを示す標準偏差をできるだけ小さくするように，各 a_i を決めるものである．

(2) 多変量解析による企業の総合評価の実例（日経優良企業ランキング）

日経優良企業ランキングは NEEDS・CASMA（ニーズ・カスマ，日本経済新聞社の総合経済データバンクシステムの多変量解析法による企業評価システム）による企業の総合評価である．これは，日本経済新聞社の総合企業データバンクがもつ企業情報を用い，客観的かつ効果的に企業を評価する目的で開発されたもので，年に1回，日本経済新聞の紙面に発表される．以下では，そこでの説明に従い，内容をみていく．

企業評価は，アナリストが個々の企業を多角的に調査，分析し，「この会社は

優良企業だ」とか,「あの会社は将来性がある」とか判断するのが一般的な方法である.しかし,対象社数が多くなると,膨大な労力と時間がかかる.上場会社全部を1人で調査することはまず不可能である.また多数の人々の考え方の違いや,能力,経験の差をどう共通化するかという難問が生じる.

そこで,多変量解析法で分析し,評価づけする方法を開発した.これがNEEDS・CASMAの起こりである.

NEEDS・CASMAの特徴は,この多変量解析法の中の一つの手法,「因子分析」と「判別分析」を有機的に結びつけた点にある.

因子分析は,上場企業の財務データの分布状況からそれらのデータを説明する要素(因子)を抽出する.次に,この要素別評点と,あらかじめ選んだ優良,非優良企業のサンプルからの判別分析で,上場企業全社を評点づけする,という手法.いずれも日本の上場会社(金融を除く)を対象にしており,CASMAはこの範囲内での相対的な評価システムである.

評価の過程を順を追って具体的に説明しよう.

優良企業・非優良企業のサンプル選出:統計手法を使ったといっても,その基本は人間が企業を評価する目である.① 現在の社会,経済の環境下ではどのような考え方,基準で企業を評価すればよいか,② その考え方による優良企業,非優良企業は具体的にどの会社か,について,日本経済新聞社の企業担当のベテラン記者にアンケート調査を行う.この調査結果からその年の評価システムの枠組みを考え,さらに優良,非優良のサンプルとなる会社をそれぞれ約50社ずつ選び出す.

分析に使う財務指標の選定:次にNEEDS(経済データバンクシステム)がもつ企業情報のなかから,今年の評価基準に合いそうな指標を75選び出す.第一段階で採用した75の指標のなかからさらに15~20の指標を選び,試行錯誤を繰り返し,最終的に19指標を選ぶ.① 自己資本から ⑥ 金融資産までの6指標は,分布状況を修正するため自然対数値を使う.自己資本がマイナスの債務超過会社はここで除外する.このように指標が計算できないという理由から,10社をランキングの対象外とする.

四つの因子を抽出:19の指標を因子分析し,互いに相関のない四つの因子を抽出する.第一の因子は「規模」を表す.① 自己資本から ⑥ 金融資産までの6指標のウェイトはそれぞれ約0.9,残りの13指標のウェイトは0.001~0.18程

表6.4 分析指標と評価項目(括弧内は全体を100としたウェイトの配分:%)

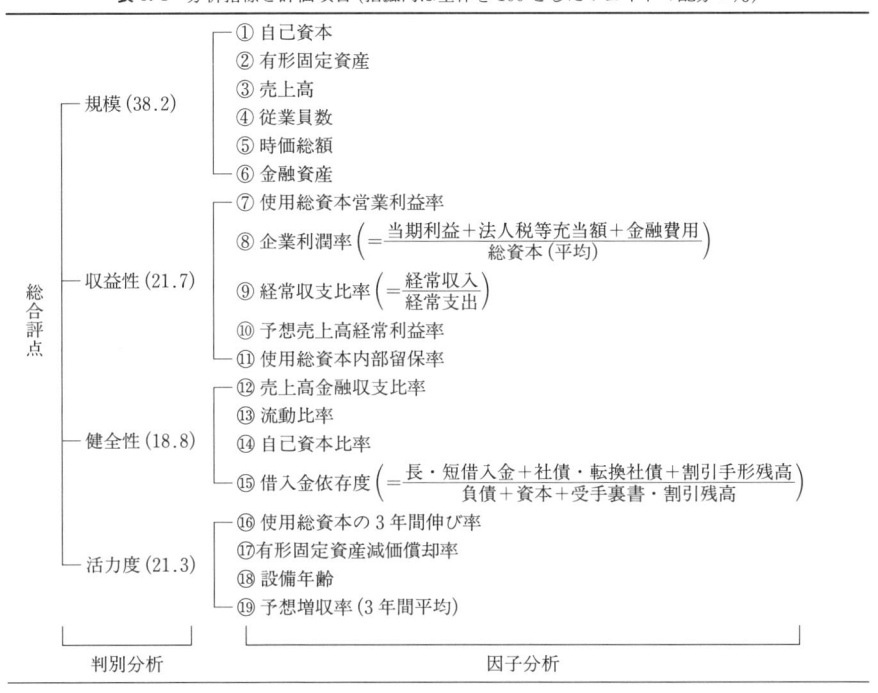

```
                    ┌─ ① 自己資本
                    │  ② 有形固定資産
         ┌─ 規模(38.2)─┤  ③ 売上高
         │          │  ④ 従業員数
         │          │  ⑤ 時価総額
         │          └─ ⑥ 金融資産
         │          ┌─ ⑦ 使用総資本営業利益率
         │          │  ⑧ 企業利潤率 (= (当期利益+法人税等充当額+金融費用)/総資本(平均))
総        ├─ 収益性(21.7)┤  ⑨ 経常収支比率 (= 経常収入/経常支出)
合        │          │  ⑩ 予想売上高経常利益率
評        │          └─ ⑪ 使用総資本内部留保率
点        │          ┌─ ⑫ 売上高金融収支比率
         │          │  ⑬ 流動比率
         ├─ 健全性(18.8)┤  ⑭ 自己資本比率
         │          └─ ⑮ 借入金依存度 (= (長・短借入金+社債・転換社債+割引手形残高)/(負債+資本+受手裏書・割引残高))
         │          ┌─ ⑯ 使用総資本の3年間伸び率
         │          │  ⑰ 有形固定資産減価償却率
         └─ 活力度(21.3)┤  ⑱ 設備年齢
                    └─ ⑲ 予想増収率(3年間平均)

         └─判別分析─┘└──────────因子分析──────────┘
```

度.この6指標の影響が圧倒的に強く,この因子は「規模」を表すと判断できる.第二の因子は,⑦使用総資本営業利益率から⑪使用総資本内部留保率の5指標のウェイトがそれぞれ0.7~0.8程度と高く,「収益力」を表すと考えられる.このようにして第三の因子として「健全性」,第四の因子「活力度」を得た.ここで注意を要するのは,たとえば規模の場合,評価に影響を与えているのは,自己資本などの6指標だけではなく,残り13指標も含めた19指標すべてだという点である.統計処理ができるように基準化した19指標にそれぞれのウェイトを掛けた値(19個ある)を合計すると,因子分析による規模の得点が出る.これを平均が50点,最大が100点となるように換算して規模の評点にする.

判別分析:因子分析で得た規模,収益性,健全性,活力度の各社ごとの評点と,ベテラン記者が選んだ優良,非優良企業のサンプルをもとに,判別分析によって優良企業と非優良企業という二つの企業群を最もよく判別できる総合評価式をつくる.表6.5の(1)がこの評価式で,各要素別評点の左側の係数がそれぞ

表6.5 総合評点の計算方法

(1) A＝−2.53125541＋0.02161063×規模の評点＋0.01226318×収益性の評点＋0.01066721×健全性の評点＋0.01209521×活力度の評点
(2) 過去5年間に経常損益が赤字のことがあるか，あるいは今期赤字見込みの会社は，(1)のAを25％割り引く．
(3) 総合評点＝(A−0.30185034)×324.279854＋500

れのウェイトを示している．規模が38.2％，収益性を21.7％，健全性が18.8％，活力度が21.3％の配分となる．

業績の安定性を加味：ここで，因子分析では抽出しにくい「業績の安定性」という評価の視点を加味するために，過去5年間に経常損益が赤字になったことがあるか，また今期が赤字見込みの会社については，総合評価式で得られた値(表6.5のA)を25％割り引く．予想も含めた6年間で一度も赤字にならない会社は，業績の安定性という面で評価できるという考え方による．こうして計算した値を，平均500点，満点を1000とするように換算して，最終的な総合評点とする．

6.3 倒産予測モデル

(1) 倒産の研究

倒産企業についての財務諸表の分析はFitzpatrick (1932)にその嚆矢を見出すことができる．彼は19の代表的倒産企業を取り上げて，それに対応する19の成功的企業を加えて事例研究として比較し，負債対純資産，純利益対純資産が重要な比率であることを指摘した．

近年に至って，企業倒産の研究に財務比率が有効であるとの主張は，Tamari (1966)によってもなされている．彼は，イスラエルで1961年に倒産した16社の製造企業と，事実上倒産した12社の製造企業の財務比率を検討し，すでに倒産の5年前から財務比率は製造業の平均的な状態に比べてより悪い状態を示していること，ただし主要財務比率のすべてが悪かった企業は28社中12社にすぎず，総合的な分析が必要なことを指摘した．

このように，倒産企業についての分析はいくつか試みられてきたが，その多くは倒産企業でどのような財務比率が顕著であるかを見出そうとするものであり，必ずしも明確な方向を示すものではなかった．

倒産企業の分析に新しい問題を投げかけた研究は Beaver (1966) である．彼は財務比率を用いて企業の重要な出来事を予測することが可能かどうかに関心を抱き，その一つの課題として企業倒産の予測というテーマを取り上げた．彼は倒産を，企業が支払期日にその金融負債を支払えない状態と定義した．そこでムーディの工業便覧 (Moody's Industrial Manual) を用いて，標本に用いるため上場されている製造業の企業から，1954〜1964 年の 11 年間に倒産した企業 79 社を選び出した．次いで一対式標本（産業・資産別）法を用いて，それら倒産企業と業種，規模において類似する非倒産企業を選び，倒産企業と非倒産企業のペアをつくった．彼が本法を用いた目的は，この方法によらなければ財務比率と倒産との関係をうやむやにしてしまう諸要因を統制することであった．彼がこの 2 要因を統制すべきだと考えている理由は，どの産業でもある比率の数値が同じ価値を示す場合でも異なった倒産の可能性を示す場合があるということであり，また各種の比率が同一であるとすれば 2 企業のうち小規模の企業の方が倒産する可能性が高いといえるからである．

次に，倒産前 5 年間の各年度に対して，(ⅰ) 学問上の一般性，(ⅱ) これまでの研究上の実績，(ⅲ)「キャッシュフロー」の概念からみた比率の定義に基づき 30 個の財務比率を選んで，それらを，

① キャッシュフロー諸比率　④ 流動資産対総資産諸比率
② 純利益諸比率　　　　　　⑤ 流動資産対流動負債諸比率
③ 負債対総資産諸比率　　　⑥ 回転諸比率

に分類した．そして，さらに倒産企業と非倒産企業とを比較するときに非倒産企業では安定しているが，倒産企業では倒産が近づくにつれてしだいに非倒産企業の平均から離れていく比率を，上の六つのグループから一つずつ選び出した．その結果，Beaver (1966) は，

① キャッシュフロー対総負債比率　④ 運転資本対総資産比率
② 総資産純利益率　　　　　　　　⑤ 流動比率
③ 負債比率　　　　　　　　　　　⑥ 正味当座資産回転期間

の六つの比率を得た．

Beaver (1966) はこれら六つの財務比率によって倒産企業を予測するために，二分解法によるテスト (dichotomous classification test) を試みた．それは次のようなものであった．すなわち，それぞれの比率についてサンプルに取り上げら

れた倒産,非倒産の全企業を比率の大きい順に並べ,倒産企業と非倒産企業を最もよく分ける最適分類点 (optimal cut-off point) を定め,この分類点に従うとき倒産企業と非倒産企業とを誤って分類する誤分類率がどれだけになるかを調べた．それによってキャッシュフロー対総負債比率の誤分類率が最も小さいことを見つけ出した (この比率による誤分類率は倒産1年前で13％,倒産5年前で22％であった)．

　Beaver (1966) はその結果について先に注意した業種や規模が結果を歪めないかを検討し,また非倒産企業を倒産企業に,倒産企業を非倒産企業に誤分類する割合などを調べて,二分解法によるテストに対して次の結論を下した．その第一はキャッシュフロー対総負債比率は優れたものであるが,その他の比率は必ずしも適切でないことである．第二は倒産企業を非倒産企業に誤分類する程度がその逆より高く,このことのもつ意味あいは重大であることである．

　そこで Beaver (1966) は,倒産企業,非倒産企業の二つの企業群について,縦軸に相対頻度,横軸に比率をとったグラフに比率の分布を描き,ある区間 (たとえば,キャッシュフロー対総負債が0.0〜0.1の区間) における,二つの企業群の相対頻度の比を求める．たとえばある区間において,倒産企業の相対頻度が0.18で非倒産企業ではそれが0.11であれば,その比は0.18÷0.11＝1.64となる．このような比を Beaver (1966) はベイズの定理 (条件つき確率が与えられたとき,条件となっている事象と結果となっている事象を逆にして確率を求める方法) を根拠にして,倒産危険性比率 (likelihood ratio) と名づけた．たとえばキャッシュフロー対総負債比率は,それが大きくなると倒産企業の相対頻度は小さくなり,次にはゼロになる．それに応じて倒産危険性比率は小さくなり,ゼロになる．一方その比率が小さくなると,非倒産企業の相対頻度は小さくなり次にはゼロになる．したがって倒産危険性比率はしだいに高くなり,やがて無限大になる．このような倒産危険性比率の観察を通して,Beaver (1966) は特にキャッシュフロー対総負債比率では,倒産の5年以前から倒産の予測を行うことは意味があると結論づけている．

　Beaver (1966) は財務比率を用いた企業倒産の予測の可能性についてのこのような研究に続いて,株式市価 (market price) を用いた予測が可能かどうか,言い換えれば市場は倒産の可能性を評価しているかどうかをテストした．彼は財務比率による予測可能性をテストしたときと同じサンプルのうち,株式収益率を算

定できるものだけを拾い上げ，倒産，非倒産の企業合わせて100前後のペアサンプルについて，倒産に至る過去5か年間の毎年の株式収益率を求めて，前と同じ二分解法による分析を行った．彼は一次データによる株式収益率とフィッシャー算式の指数(基準時の数量をウェイトしたラスパイレス算式と比較時の数量をウェイトしたパーシェ算式とを幾何平均した指数算式)を用いて調整した数値による誤分類率を求めて，先のキャッシュフロー対総負債比率の誤分類率と比較した．その結果未調整，調整済みのいずれの株式収益率の誤分類率とも財務比率のそれより高かった．そこで，彼はキャッシュフロー対総負債比率という財務比率の方がより優れた判別力をもつと判断した．

しかし，Beaver(1966)は，この結果が市場は財務データを無視していることを意味しているわけではないし，また財務比率の利用によって市場で有利になることを意味するわけでもないとして，株式収益率と財務比率のどちらにより早く倒産の可能性が反映されているかを時系列分析(時間の順序に従って並べ換えられた観測値の列＝時系列を対象にした統計的な解析を意味しており，内在する統計的性質を見出したり将来の予測をしたりするための手法や予測法)によって検討した．この分析は次のようなものであった．

株式収益率については，非倒産企業では希にしか起こらない大幅な収益率の低下が，倒産前のどの時点で起こったかを時系列をみて求める．また財務比率については，キャッシュフロー対総負債比率，総資産純利益率，負債比率，運転資本対総資産比率の四つを取り上げ，それぞれについてある値以下になって別のある値以上にはならないという臨界値を設定する．そして各財務比率が倒産前のどこでこの臨界値に至るかを求めた．

Beaver(1966)はこのようにして株式収益率，各財務比率の倒産前5か年間のデータが利用できる29の倒産企業について倒産が予測できたと見なされる時期の平均を算定した．その結果は，株式収益率2.45年，キャッシュフロー対総負債比率2.17年，総資本純利益率2.31年となり，他の二つの財務比率はかなり小さい値を示した．Beaver(1966)は，さらに株式収益率と各財務比率とを企業ごとに対応づけを行って，かなりの程度で対応が可能なことを確認した．彼は株式収益率が財務比率より早めに倒産の予測をしているのは，財務比率以外の情報も株価に入り込んでいるからだと考え，結局次のように結論づけた．

① 投資家は倒産に向かっている企業の危機的状態を認識し，それに対応して

いる．

② 普通株の価格の変化は，投資家が諸財務比率を評価の基礎として用いて，比率情報を市場価格に取り入れているかのように起こる．

Beaver (1966) のこのような一連の研究は，これまでの財務諸表分析に大きな問題を投げかけている．第一は従来の諸研究に比べてよりいっそう明確な一定の手続きによって選び出されたペアサンプルを用いて，財務比率による企業倒産の予測可能性を探ったことである．そして彼の得た結果は従来から関心をもたれていた倒産に対するかなりの程度の予測の可能性を示唆するものであった．第二に従来の財務諸表分析は会計的数値による実績の分析に終始しており，それを用いて予測のための情報を得ようとする試みは必ずしも明確ではなかった．Beaver (1966) はそれに対して，単に倒産の予測可能性に限定することなく，むしろ会計的数値に基づく予測の可能性という，より広い問題に目を向けており，その投げかけた課題は重要な示唆を与えている．上に述べた Beaver (1966) の一連の研究ののち，財務比率の統計的性質をめぐっての議論や会計的数値の予測可能性についてより厳密な議論が盛んになったことを想起すれば，Beaver (1966) の果たした役割の大きいことは明らかである．第三に Beaver (1966) の研究は財務諸表の有する情報が株式市価とどう関係するかを考察することによって，会計情報と株価という重大な課題を提起している．この問題は資本市場と企業の報告する会計情報とをつなぐ接点としてその後多くの研究者の注目を集めることになった．

(2) 判別分析による倒産予測

Beaver (1966) の倒産企業の分析は倒産企業の分析にとどまらず，もっと広い問題提起をなすものであったが，倒産企業の分析という問題に限定していえば，一つの大きな問題点をもっている．Beaver (1966) は倒産の予測のために基本的には二分解法によるテストを用いている．しかしこの方法は個々の財務比率のもつ予測可能性を検討するものであり，その点で Beaver (1966) の研究は単一比率を基礎にしている．

それに対して，Altman (1968) は企業倒産の予測に有効であるとみられる複数の比率を総合的に利用するために，多変量解析の一つの方法である判別分析 (discriminant analysis) を用いることを提唱した．彼は 1946 年から 1965 年までの 20 年間に，全米破産法第 10 章に基づいて破産申立書を提出した製造業 33 社を倒産企業のサンプルとし，またこれに対応する非倒産企業を倒産企業の業種と規

模を考慮に入れてペアとして33社選び出した．これら合わせて66社について判別関数を求めるにあたって，① 運転資本対総資産比率，② 留保利益対総資産比率，③ 利子控除前・税引後総資産利益率，④ 株式総市価対総負債薄価比率，⑤ 総資産回転率，の五つの比率が用いられた．

これら五つの比率が判別関数で用いられた理由は，次のとおりであった．過去の諸研究から有効であるとみられる22の比率のリストをまず作成する．これらの比率を流動性，収益性，レバレッジ，支払可能性，回転性の五つの範疇に分類し，一般性と当面の研究に対する有効性とを考慮する．そして最後にいくつかの判別関数の統計的有意性の観察，変数間の相関，予測の正確性，アナリストの判断によって変数を確定する．

このようにして求められた判別関数は次のとおりである．
$$Z = 0.12\,x_1 + 0.14\,x_2 + 0.033\,x_3 + 0.006\,x_4 + 0.999\,x_5$$
ここで，Z は判別関数によって与えられる判別得点で，$x_i(i=1\sim5)$ は次のとおりである．

x_1：運転資本対総資産比率， x_2：留保利益対総資産比率，

x_3：利子控除前・税引き後総資産収益率， x_4：株式総市価対負債薄価比率，

x_5：総資産回転率．

この判別関数によると，倒産企業を非倒産企業に，また非倒産企業を倒産企業に誤って判別する誤判別率は，倒産1年前では5%，倒産2年前では17%，倒産3年前では52%，倒産4年前と5年前ではそれぞれ71%，64%となった．

Altman (1968) は，さらに上の判別関数を二次データにあてはめて，その正確性を調べている．それによると，他の25社の倒産企業に用いるときには，誤判別になったのは1社で誤判別の割合は4%にすぎなかった．一方，収益状態は明らかに悪いにもかかわらず存続している66社に上の関数をあてはめてみると，正しく判別された(つまり非倒産企業と判別された)企業は52社で，誤判別率は21%と高かった．

このことから，Altman (1968) は判別関数を用いるとき，倒産2年前には財務比率を用いた倒産企業が予測可能であることを強調した．そして彼はこの研究ののち，鉄道業という特定産業における企業倒産を予測するための判別関数を求めることを試み，ここでも財務比率による判別分析が倒産企業の予測に有力であることを示している．

なお，Altman (1968) は企業倒産の分析に関して，株主が倒産によってどのような影響を受けるかに別の論文で言及している．彼の取り上げた問題は Beaver (1966) の市場がどれだけ早く倒産を予測しているかという問題と異なって，倒産の前後で株主はどの程度の収益を得ているかということであった．そのため Altman (1968) は 1941 年から 1965 年の間に全米破産法によって更生手続きをとった企業からの 90 社をサンプルとし，株主の収益性指標 (profitability index) を求めた．この収益性指標の平均を求めると 1 より小さかった．その結果，倒産した企業の証券からの収益率は平均的な収益率より低く，このことは，投下した資金が十分回収されていないことを示している．

以上のような一連の Altman (1968) の倒産企業についての分析においては，第一に判別分析という多変量解析の手法を用いることによって Beaver (1966) の倒産の予測という課題をさらに発展させたこと，第二に，倒産が株主に及ぼす影響を考慮に入れている点に大きな意義がある．とりわけ倒産企業の分析に対して判別分析を用いたことの意義は大きく，Deakin (1972) の研究は Beaver (1966) の研究で用いられた比率を判別分析に用いることによって，その有効性を確認している．こうして判別分析は，倒産企業の分析のみならず，財務比率を用いた多変量解析の重要な方法として，大きな地位を占めることとなったのである．

(3) 判別分析を用いたわが国の企業のデータによる倒産予測モデル

企業の倒産を予測するにあたって，判別分析と呼ばれる手法がよく用いられているということはすでに説明したとおりである．ここでは倒産予測というものを，その判別分析と実際の企業データを用いて研究していきたいと思う．

Ⅰ．企業のサンプル

さて，分析をするにあたって企業のデータというものが必要となっていくが，そのサンプルを選ぶうえで，倒産企業と非倒産企業との間に業種，規模の差をなくす必要がある．これは分析結果に業種，規模の差が含まれると結論づけるのがむずかしくなるからである．それと新しいデータを用いるという点も重要であろう．古いデータであると，その分析結果が現代の企業にもあてはまるかどうか，という問題が生じてしまうためである．

この 2 点に気をつけながらまず倒産企業のデータを集め，それと同業種，同規模程度の非倒産企業のデータを集めた (表 6.6)．

II. 判別分析

データがそろったところで判別分析を行う．判別分析に用いる指標は，収益性，安全性を測る指標から 17 指標を用いることにする．用いた指標は企業のデータとして載せた指標である．まずすべての指標を用いて判別分析を行う．結果は表 6.7 に記したとおりである．

個々の企業の判別関数値で関数値 1 の値が 0 以上であると判別群は倒産企業となり，0 以下であると判別群は非倒産企業となる．結果をみると判別的中率が 69% とあまり高くない数値となっている．ではどうすれば判別的中率の高い判別分析を行うことができるか，それは次にあげる 3 点について考えればよい．まず，判別関数係数で本来正（負）をとらなくてはならない値が負（正）をとっているという矛盾した値を示している指標を取り除く必要がある．企業の判別関数値を計算するうえでこういう値があると誤った方向に結果が導き出されてしまうからである（ここでは選別基準欄に × の印をつけた）．次に，相関マトリックスの欄をみて相関係数の値の高いもの同士をチェックする必要がある．相関が高い係数は，そのいずれかの指標があれば残りの指標の分も代用できるであろうと考える目安となり，指標選別をしていくうえで指標を減らす効果的な方法である（ここでは相関マトリックス欄で ±0.6 以上の値に下線を引き，選別基準欄に ※ をつけた）．最後に，判別関数値で 0 に近い値をみる．その値は判別関数値を求めるうえであってもなくてもあまり影響のない係数であるといえるので，取り除いても構わないといえる．

III. 判別関数式の導出

このようにして多くの指標のなかから取り除く指標を探し，必要最小限の指標で高い判別的中率を示すような指標を選び，判別関数式を求めるのが判別分析の目標である．その目標を達成するため，先にあげた 3 点に留意しながら試行錯誤もまじえ指標を選別していく．その結果，売上高営業利益率，総資本回転率，流動比率，手元流動性，自己資本比率の 5 指標を用いた判別分析が最良の組み合わせであると判断したので，この 5 指標を用いて最終的な判別分析を行う．この組み合わせで行った判別分析の判別的中率は 83.3% という高確率で，しかも倒産企業を倒産企業と見なす割合が 19/21 (90.5%) という高確率であるからである．ということから，この 5 指標から判別関数式を導き出したい（5 指標による判別分析は表 6.8 にその結果を載せた）．

表6.6 企業

No.	年	分類	総資本利益率	自己資本経常利益率	総資産事業利益率	売上高営業利益率	売上高経常利益率	売上原価率	販売費・一般管理費率	総資本回転率
1	93	倒産企業	−9.88%	−10.21%	4.61%	4.04%	−17.91%	53.79%	42.17%	0.15
2	93	倒産企業	1.40%	11.41%	6.75%	3.86%	6.06%	81.96%	14.18%	0.52
3	97	倒産企業	−1.95%	1.66%	1.62%	4.91%	5.07%	66.13%	28.96%	0.28
4	97	倒産企業	0.03%	14.51%	2.07%	0.02%	0.85%	97.64%	2.34%	0.31
5	97	倒産企業	0.04%	5.12%	2.01%	1.00%	0.58%	94.68%	4.32%	0.45
6	97	倒産企業	0.29%	13.43%	2.32%	2.14%	1.54%	95.01%	2.84%	0.77
7	97	倒産企業	−20.72%	2.84%	−3.79%	−5.75%	0.68%	81.39%	24.36%	0.02
8	92	倒産企業	−104.64%	74.34%	4.90%	1.64%	−5.98%	64.82%	33.55%	0.84
9	92	倒産企業	−36.25%	7.01%	7.34%	0.60%	−0.75%	92.86%	6.54%	0.95
10	95	倒産企業	0.55%	−89.04%	5.60%	7.75%	−7.88%	64.88%	27.36%	0.44
11	92	倒産企業	1.78%	10.91%	8.25%	10.42%	6.12%	34.05%	55.53%	0.57
12	97	倒産企業	0.38%	6.18%	−0.70%	−1.94%	0.69%	100.24%	1.70%	1.43
13	93	倒産企業	1.28%	4.15%	3.84%	3.52%	4.20%	88.58%	7.90%	0.49
14	93	倒産企業	−14.26%	−11.56%	0.72%	−3.22%	−7.21%	84.92%	18.30%	0.60
15	94	倒産企業	0.58%	−1.54%	3.87%	1.83%	−0.18%	90.04%	8.13%	1.65
16	95	倒産企業	1.54%	7.94%	4.99%	5.42%	4.09%	81.21%	13.37%	0.71
17	95	倒産企業	−42.34%	2.96%	1.90%	−6.54%	−135.80%	65.56%	40.98%	0.16
18	95	倒産企業	4.32%	−97.70%	−2.50%	−16.31%	−28.15%	89.86%	26.45%	0.08
19	96	倒産企業	−21.64%	−77.88%	−5.16%	−4.86%	−6.80%	73.31%	31.55%	1.02
20	97	倒産企業	−15.64%	−12.02%	0.54%	0.12%	−4.45%	79.59%	20.29%	0.56
21	97	倒産企業	−23.12%	−145.71%	−11.34%	−18.98%	−20.10%	73.52%	45.46%	0.74
22		非倒産企業	4.09%	0.11%	8.19%	9.56%	0.09%	54.39%	36.05%	0.64
23		非倒産企業	−9.05%	−22.55%	−8.59%	−16.92%	−16.64%	90.79%	26.13%	0.56
24		非倒産企業	0.53%	2.13%	2.01%	0.08%	1.88%	90.80%	9.12%	0.91
25		非倒産企業	0.59%	9.52%	2.90%	2.31%	1.97%	92.31%	5.38%	1.04
26		非倒産企業	−11.08%	−39.45%	−1.43%	−2.76%	−6.85%	96.33%	6.43%	0.70
27		非倒産企業	0.58%	7.69%	2.09%	1.72%	1.74%	94.22%	4.07%	0.96
28		非倒産企業	1.62%	9.36%	0.98%	−0.30%	2.47%	72.84%	27.46%	1.48
29		非倒産企業	1.20%	7.97%	5.45%	3.83%	2.23%	63.83%	32.34%	1.15
30		非倒産企業	7.08%	10.50%	4.72%	1.90%	2.11%	72.72%	25.38%	2.07
31		非倒産企業	0.94%	5.09%	11.00%	8.93%	2.93%	63.27%	27.80%	0.92
32		非倒産企業	7.04%	18.97%	15.02%	26.30%	28.20%	50.75%	22.95%	0.53
33		非倒産企業	1.45%	6.08%	2.98%	1.62%	1.76%	89.39%	8.99%	1.81
34		非倒産企業	2.82%	6.40%	8.67%	16.08%	15.32%	59.70%	24.22%	0.36
35		非倒産企業	6.02%	12.47%	21.40%	28.08%	15.64%	70.11%	1.80%	0.66
36		非倒産企業	1.22%	19.30%	6.27%	5.49%	4.65%	86.46%	8.05%	1.08
37		非倒産企業	1.45%	8.06%	4.90%	3.00%	2.42%	67.72%	29.28%	1.50
38		非倒産企業	0.31%	3.41%	2.44%	1.30%	0.71%	92.24%	6.46%	1.29
39		非倒産企業	0.35%	2.60%	6.57%	10.43%	4.48%	77.43%	12.14%	0.31
40		非倒産企業	−4.55%	−11.28%	−2.00%	−3.19%	−5.08%	65.94%	37.25%	0.68
41		非倒産企業	8.65%	18.18%	16.52%	25.40%	25.63%	57.92%	16.68%	0.59
42		非倒産企業	2.70%	6.52%	6.44%	10.59%	10.36%	65.94%	23.47%	0.55

6.3 倒産予測モデル

データ (指標)

固定資産回転率	棚卸資産回転期間(日)	流動比率	当座比率	手元流動性	固定比率	固定長期適合率	自己資本比率	負債比率	No.
0.22	442.62	107.82%	39.30%	1.48	207.42%	96.55%	22.49%	77.51%	1
0.92	87.52	83.36%	109.33%	1.00	227.27%	115.48%	27.46%	72.54%	2
0.39	301.68	214.13%	8.17%	0.66	89.94%	81.62%	86.13%	13.87%	3
2.67	482.55	118.20%	382.38%	0.93	619.49%	19.49%	3.20%	164.91%	4
4.14	283.46	98.48%	176.04%	0.72	247.87%	22.83%	9.14%	169.22%	5
6.55	407.22	120.47%	156.44%	0.73	143.90%	71.34%	8.50%	91.50%	6
1.25	68.29	49.85%	24.43%	0.44	221.76%	140.39%	11.86%	88.13%	7
1.89	84.15	61.65%	59.22%	1.47	106.08%	−406.73%	−63.04%	163.04%	8
5.24	89.99	98.48%	492.92%	0.75	186.99%	139.56%	−30.94%	130.94%	9
0.79	85.71	62.24%	917.83%	0.61	1492.28%	191.72%	4.30%	95.70%	10
0.95	106.49	156.28%	67.33%	2.29	271.19%	86.64%	33.76%	66.24%	11
10.16	46.43	117.89%	458.21%	1.53	72.77%	46.10%	15.37%	84.63%	12
3.53	154.44	191.29%	127.50%	6.05	27.45%	24.71%	50.22%	49.78%	13
1.11	68.00	110.62%	57.95%	1.82	153.85%	94.75%	34.82%	65.18%	14
4.12	106.45	95.18%	68.30%	0.60	265.47%	107.39%	23.37%	76.63%	15
1.76	118.56	172.08%	130.35%	1.79	135.72%	59.66%	36.81%	63.19%	16
0.53	1050.24	6.20%	−1.50%	6.23	−4.63%	−4.37%	−887.49%	987.49%	17
0.39	3504.45	416.47%	211.88%	1.94	2854.96%	57.07%	6.90%	106.90%	18
1.94	109.12	87.19%	52.75%	0.70	263.11%	187.85%	−2.22%	102.22%	19
1.61	225.37	84.03%	95.20%	2.50	118.59%	145.09%	14.49%	85.51%	20
1.54	276.73	157.82%	422.56%	1.67	781.81%	81.58%	13.58%	86.42%	21
1.78	96.36	303.30%	47.29%	1.59	72.82%	41.37%	52.26%	47.74%	22
2.04	109.89	134.33%	104.76%	1.67	61.31%	62.52%	37.98%	62.02%	23
11.47	22.39	233.60%	37.27%	0.66	77.18%	75.08%	81.18%	18.82%	24
3.98	203.86	103.28%	73.43%	0.74	128.10%	92.01%	21.01%	78.99%	25
3.66	376.56	102.32%	40.31%	0.52	118.45%	92.72%	6.97%	93.03%	26
4.72	245.24	106.66%	70.88%	0.89	101.69%	82.08%	22.21%	77.79%	27
2.16	22.07	87.71%	59.74%	1.75%	185.60%	106.53%	38.18%	61.82%	28
1.98	62.14	126.84%	64.42%	1.04	203.46%	87.90%	30.87%	69.13%	29
14.09	37.90	151.06%	166.35%	0.34	40.63%	34.02%	42.74%	57.26%	30
1.90	64.00	157.46%	68.50%	0.69	91.85%	71.50%	52.11%	47.89%	31
0.83	15.51	222.55%	47.07%	5.76	87.30%	76.27%	78.64%	21.36%	32
2.25	39.80	716.17%	39.10%	0.37	154.47%	133.11%	40.25%	11.31%	33
1.07	97.46	349.21%	29.00%	5.00	30.34%	53.24%	80.99%	19.01%	34
4.51	29.23	864.83%	100.67%	5.87	18.00%	16.03%	84.99%	15.01%	35
4.07	151.52	126.44%	114.58%	1.68	104.64%	61.57%	24.68%	75.32%	36
5.29	40.16	176.74%	135.67%	2.65	61.63%	43.59%	42.33%	57.67%	37
3.12	42.88	128.73%	156.72%	0.56	157.04%	75.65%	26.11%	73.89%	38
2.08	397.14	124.39%	11.31%	1.61	28.63%	19.77%	100.00%	90.39%	39
1.18	141.16	118.32%	80.10%	3.67	201.17%	88.62%	32.73%	67.40%	40
3.50	18.64	701.70%	88.30%	13.53	18.57%	19.18%	87.66%	12.34%	41
1.87	103.71	787.27%	67.47%	6.19	34.20%	31.50%	85.32%	14.68%	42

6. 企業評価モデル(2)

そうすると，次のような判別関数式が導出できる．

$$y = 2.875 - 5.792e_1 - 2.194e_2 - 0.281e_3 - 0.126e_4 - 0.220e_5$$

y：判別関数値, e_1：売上高営業利益率, e_2：総資本回転率, e_3：流動比率, e_4：手元流動性, e_5：自己資本比率.

表6.7 すべての指標

平均値	件 数	総資本利益率	自己資本経常利益率	総資産事業利益率	売上高営業利益率	売上高経常利益率	売上原価率	販売費・一般管理費率	総資本回転率
倒産企業	21	−0.1325	−0.1353	0.0180	−0.0049	−0.0978	0.7876	0.2173	0.6508
非倒産企業	21	0.0114	0.0386	0.0555	0.0635	0.0457	0.7500	0.1864	0.9409
全 体	42	−0.0606	−0.0484	0.0368	0.0293	−0.0260	0.7688	0.2018	0.7958

標準偏差	件 数	総資本利益率	自己資本経常利益率	総資産事業利益率	売上高営業利益率	売上高経常利益率	売上原価率	販売費・一般管理費率	総資本回転率
倒産企業	21	0.2428	0.4767	0.0451	0.0694	0.2953	0.1595	0.1547	0.3894
非倒産企業	21	0.0464	0.1335	0.0649	0.1047	0.0984	0.1434	0.1112	0.4612
全 体	42	0.1890	0.3607	0.0590	0.0952	0.2315	0.1528	0.1356	0.4508

相関マトリックス 全 体	総資本利益率	自己資本経常利益率	総資産事業利益率	売上高営業利益率	売上高経常利益率	売上原価率	販売費・一般管理費率	総資本回転率
総資本利益率	1							
自己資本経常利益率	−0.1077	1						
総資産事業利益率	0.2404	0.5391	1					
売上高営業利益率	0.3161	0.5051	0.9360	1				
売上高経常利益率	0.4059	0.2397	0.3732	0.5125	1			
売上原価率	0.0392	−0.0644	−0.4384	−0.4819	−0.0231	1		
販売費・一般管理費率	−0.2661	−0.2820	−0.1631	−0.1590	−0.3337	−0.7885	1	
総資本回転率	0.0855	0.1952	−0.0576	−0.0734	0.2404	0.2346	−0.2128	1
固定資産回転率	0.1599	0.2197	0.0633	0.0254	0.1842	0.3601	−0.4236	0.6323
棚卸資産回転期間	−0.0005	−0.4081	−0.2323	−0.3879	−0.4241	0.1507	0.1025	−0.3973
流動比率	0.3173	0.0613	0.4847	0.4848	0.3034	−0.1805	−0.1370	−0.0210
当座比率	0.0062	−0.4398	−0.1117	−0.1518	−0.0003	0.1923	−0.1102	−0.0078
手元流動性	0.1047	0.1585	0.4883	0.5201	0.0107	−0.4025	0.0884	−0.3150
固定比率	0.0676	−0.6460	−0.2561	−0.3669	−0.1691	0.0982	0.1469	−0.2766
固定長期適合率	0.6136	−0.4705	−0.1810	−0.0996	0.0845	0.1207	−0.0661	0.0900
自己資本比率	0.4328	−0.0012	0.1464	0.2760	0.9324	0.0372	−0.2357	0.1830
負債比率	−0.4197	0.0055	−0.1465	−0.2724	−0.9236	−0.0109	0.2035	−0.2417

この式にさまざまな企業のデータを代入すれば倒産予測ができるであろう．このようにして求められた値が0以上であるとその企業は倒産するのではないかと考える判断基準となる．

による判別分析の結果

固定資産回転率	棚卸資産回転期間	流動比率	当座比率	手元流動性	固定比率	固定長期適合率	自己資本比率	負債比率
2.4617	385.69	1.2427	1.9317	1.7104	4.0397	0.6470	−0.2768	1.3531
3.2166	110.36	2.7728	0.7633	2.7048	0.9415	0.6497	0.5092	0.5109
2.8392	248.03	2.0078	1.3475	2.2076	2.4906	0.6483	0.1162	0.9320

固定資産回転率	棚卸資産回転期間	流動比率	当座比率	手元流動性	固定比率	固定長期適合率	自己資本比率	負債比率
2.4024	732.50	0.8078	2.1954	1.5520	6.3627	1.1738	1.9432	1.9417
2.7385	108.41	2.4801	0.4028	3.0776	0.5796	0.3041	0.2670	0.2717
2.6034	541.39	1.9967	1.6830	2.4874	4.7759	0.8574	1.4415	1.4489

固定資産回転率	棚卸資産回転期間	流動比率	当座比率	手元流動性	固定比率	固定長期適合率	自己資本比率	負債比率

```
         1
 −0.1935    1
 −0.0177    0.0566    1
  0.2010    0.0407   −0.1499    1
 −0.1109   −0.0084    0.5544   −0.1499    1
 −0.2296    0.8029    0.0216    0.4771   −0.1573    1
 −0.0778   −0.0445   −0.0616    0.1914   −0.1988    0.1366    1
  0.1112   −0.2612    0.2690    0.0354   −0.1350    0.0143    0.1618    1
 −0.1096    0.2863   −0.3027   −0.0210    0.1229    0.0015   −0.1875   −0.9883    1
```

6. 企業評価モデル(2)

倒産企業	総資本利益率	自己資本経常利益率	総資産事業利益率	売上高営業利益率	売上高経常利益率	売上原価率	販売費・一般管理費率	総資本回転率
総資本利益率	1							
自己資本経常利益率	−0.2829	1						
総資産事業利益率	0.0255	0.6525	1					
売上高営業利益率	0.1628	0.6098	0.8469	1				
売上高経常利益率	0.3006	0.1300	0.1486	0.3920	1			
売上原価率	0.2293	0.0510	−0.2041	−0.2855	0.2025	1		
販売費・一般管理費率	−0.3095	−0.3263	−0.1697	−0.1545	−0.3846	−0.9028	1	
総資本回転率	−0.1020	0.1331	−0.1002	0.0289	0.3529	0.3201	−0.3430	1
固定資産回転率	0.1211	0.2563	0.0191	0.0656	0.2657	0.6252	−0.6739	0.6369
棚卸資産回転期間	0.1266	−0.3666	−0.2238	−0.5466	−0.3830	0.1123	0.1295	−0.4746
流動比率	0.3942	−0.3608	−0.1783	−0.3066	0.1926	0.1228	0.0110	−0.3052
当座比率	0.1603	−0.4219	0.0106	−0.0094	0.1376	0.2005	−0.2025	0.0706
手元流動性	−0.1098	0.0799	0.0607	−0.0961	−0.6155	−0.1492	0.1969	−0.3387
固定比率	0.2298	−0.6405	−0.2378	−0.4489	−0.0684	0.0643	0.1352	−0.3399
固定長期適合率	0.7182	−0.5031	−0.1507	−0.0032	0.1285	0.0718	−0.0726	0.0321
自己資本比率	0.3658	−0.0898	−0.0060	0.2217	0.9565	0.1663	−0.2710	0.2436
負債比率	−0.3439	0.1013	0.0047	−0.2242	−0.9466	−0.1251	0.2296	−0.2731

非倒産企業	総資本利益率	自己資本経常利益率	総資産事業利益率	売上高営業利益率	売上高経常利益率	売上原価率	販売費・一般管理費率	総資本回転率
総資本利益率	1							
自己資本経常利益率	0.8936	1						
総資産事業利益率	0.7907	0.6500	1					
売上高営業利益率	0.7629	0.6116	0.9669	1				
売上高経常利益率	0.7992	0.7036	0.8636	0.9352	1			
売上原価率	−0.5880	−0.4026	−0.6153	−0.6378	−0.6004	1		
販売費・一般管理費率	0.0397	−0.0568	−0.1171	−0.1193	−0.1064	−0.6887	1	
総資本回転率	0.1562	0.2196	−0.2251	−0.3523	−0.2474	0.2707	−0.0172	1
固定資産回転率	0.2550	0.1461	0.0180	−0.0843	−0.0765	0.1558	−0.1215	0.6166
棚卸資産回転期間	−0.5575	−0.5132	−0.3236	−0.2436	−0.3464	0.4278	−0.3221	−0.3718
流動比率	0.4530	0.2845	0.5711	0.5743	0.5108	−0.2733	−0.1884	−0.1431
当座比率	0.1369	0.1716	−0.0507	−0.1707	−0.1405	0.1168	0.0101	0.5234
手元流動性	0.4783	0.3378	0.6023	0.6910	0.7361	−0.5675	0.0810	−0.4552
固定比率	−0.3691	−0.1742	−0.4764	−0.4817	−0.4057	0.2385	0.1460	0.3763
固定長期適合率	−0.4250	−0.2398	−0.5253	−0.5056	−0.3739	0.4185	−0.0635	0.3890
自己資本比率	0.5447	0.3834	0.6173	0.6775	0.6490	−0.5323	0.0483	−0.4912
負債比率	−0.5683	−0.4061	−0.5482	−0.5660	−0.6152	0.4645	−0.0659	0.1032

6.3 倒産予測モデル

固定資産回転率	棚卸資産回転期間	流動比率	当座比率	手元流動性	固定比率	固定長期適合率	自己資本比率	負債比率
1								
−0.2427	1							
−0.1059	0.7225	1						
0.2785	−0.0437	−0.0143	1					
−0.1311	0.1839	0.0218	−0.2455	1				
−0.2715	0.7997	0.6646	0.4199	−0.1393	1			
−0.0418	−0.0476	0.0465	0.2261	−0.1999	0.1307	1		
0.1505	−0.2063	0.3679	0.1565	−0.6137	0.1230	0.1975	1	
−0.1387	0.2204	−0.3633	−0.1435	0.5940	−0.1091	−0.2112	−0.9938	1

固定資産回転率	棚卸資産回転期間	流動比率	当座比率	手元流動性	固定比率	固定長期適合率	自己資本比率	負債比率
1								
−0.0483	1							
−0.0819	−0.3510	1						
0.6650	−0.3755	−0.0881	1					
−0.1570	−0.2842	0.6183	−0.0227	1				
−0.2447	−0.0242	−0.4410	−0.0275	−0.4604	1			
−0.2764	−0.0014	−0.3408	−0.2339	−0.5186	0.8344	1		
−0.2256	−0.2029	0.5588	−0.3409	0.5986	−0.6846	−0.6365	1	
0.1856	0.6738	−0.7972	0.1577	−0.5802	0.4057	0.1999	−0.6576	1

6. 企業評価モデル(2)

判別関数式変数名	判別係数	選別基準	最終選別	判別の結果 見かけの的中率
総資本利益率	−10.6438			
自己資本経常利益率	2.9147	×		真の群　倒産企業
総資産事業利益率	−7.9393	※1		非倒産企業
売上高営業利益率	−65.1398	※1	○	
売上高経常利益率	10.1843	×		判別的中率
売上原価率	−76.4300	×		
販売費・一般管理費率	−58.2152	×		
総資本回転率	−5.9608	※2	○	
固定資産回転率	0.6400	※2		
棚卸資産回転期間	−0.0031	×		
流動比率	−0.0560		○	
当座比率	−0.1721			
手元流動性	−0.1441		○	
固定比率	0.6189			
固定長期適合率	1.8954			
自己資本比率	−2.2596		○	
負債比率	−0.5095	×		
定数項	74.7977			
F値	1.2355			
自由度1	17			
自由度2	24			
P値	0.3107			
マハラノビスの平方距離	3.3338			
誤判別率	18.06%			

判別関数値

データNo.	真の群	関数値1	判別群	データNo.	真の群	関数値1	判別群
1	倒産企業	4.8159	倒産企業	22	非倒産企業	1.2824	倒産企業
2	倒産企業	1.0734	倒産企業	23	非倒産企業	−1.9873	非倒産企業
3	倒産企業	2.3370	倒産企業	24	非倒産企業	−4.8116	非倒産企業
4	倒産企業	−0.0864	非倒産企業	25	非倒産企業	−3.0908	非倒産企業
5	倒産企業	−1.1583	非倒産企業	26	非倒産企業	−2.6458	非倒産企業
6	倒産企業	−1.0754	非倒産企業	27	非倒産企業	−2.9824	非倒産企業
7	倒産企業	3.0853	倒産企業	28	非倒産企業	−2.3046	非倒産企業
8	倒産企業	6.0849	倒産企業	29	非倒産企業	0.3807	倒産企業
9	倒産企業	3.2578	倒産企業	30	非倒産企業	−1.6183	非倒産企業
10	倒産企業	8.5014	倒産企業	31	非倒産企業	−0.3280	非倒産企業
11	倒産企業	8.3152	倒産企業	32	非倒産企業	3.3760	倒産企業
12	倒産企業	−3.9777	非倒産企業	33	非倒産企業	−7.3588	非倒産企業
13	倒産企業	−2.7917	非倒産企業	34	非倒産企業	1.9154	倒産企業
14	倒産企業	−0.1725	非倒産企業	35	非倒産企業	−2.7340	非倒産企業
15	倒産企業	−5.4044	非倒産企業	36	非倒産企業	−3.0563	非倒産企業
16	倒産企業	−1.7324	非倒産企業	37	非倒産企業	−2.4448	非倒産企業
17	倒産企業	5.8512	倒産企業	38	非倒産企業	−5.1809	非倒産企業
18	倒産企業	1.5284	倒産企業	39	非倒産企業	−2.4746	非倒産企業
19	倒産企業	2.6214	倒産企業	40	非倒産企業	1.9890	倒産企業
20	倒産企業	2.0331	倒産企業	41	非倒産企業	−0.2003	非倒産企業
21	倒産企業	1.8984	倒産企業	42	非倒産企業	−0.7297	非倒産企業

6.3 倒産予測モデル

判別された群		度数分布表 階級値	倒産企業	相関比 0.2203 非倒産企業
倒産企業	非倒産企業	-8		1
13	8	-7		
5	16	-6	1	1
		-5		1
	69.0%	-4	1	2
		-3	1	6
		-2	3	2
		-1	2	3
		0		1
		1	3	3
		2	3	
		3	2	1
		4	1	
		5	1	
		6	1	
		7		
		8	2	
		平　均	1.6669	-1.6669
		標準偏差	3.6487	2.5216

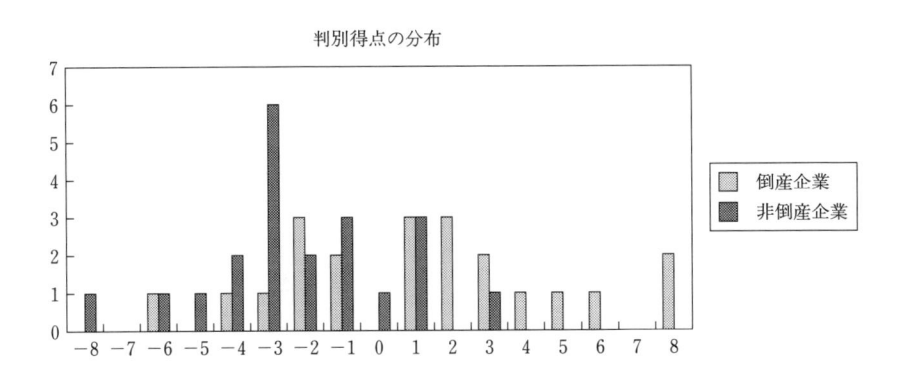

判別得点の分布

6. 企業評価モデル(2)

表6.8　5指標による判別分析の結果

平均値	件数	売上高営業利益率	総資本回転率	流動比率	手元流動性	自己資本比率
倒産企業	21	−0.0049	0.6508	1.2427	1.7104	−0.2768
非倒産企業	21	0.0635	0.9409	2.7728	2.7048	0.5092
全　体	42	0.0293	0.7958	2.0078	2.2076	0.1162

標準偏差	件数	売上高営業利益率	総資本回転率	流動比率	手元流動性	自己資本比率
倒産企業	21	0.0694	0.3894	0.8078	1.5520	1.9432
非倒産企業	21	0.1047	0.4612	2.4801	3.0776	0.2670
全　体	42	0.0952	0.4508	1.9967	2.4874	1.4415

相関マトリックス 全　体	売上高営業利益率	総資本回転率	流動比率	手元流動性	自己資本比率
売上高営業利益率	1.0000				
総資本回転率	−0.0734	1.0000			
流動比率	0.4848	−0.0210	1.0000		
手元流動性	0.5201	−0.3150	0.5544	1.0000	
自己資本比率	0.2760	0.1830	0.2690	−0.1350	1.0000

倒産企業	売上高営業利益率	総資本回転率	流動比率	手元流動性	自己資本比率
売上高営業利益率	1.0000				
総資本回転率	0.0289	1.0000			
流動比率	−0.3066	−0.3052	1.0000		
手元流動性	−0.0961	−0.3387	0.0181	1.0000	
自己資本比率	0.2217	0.2436	0.3679	−0.6137	1.0000

非倒産企業	売上高営業利益率	総資本回転率	流動比率	手元流動性	自己資本比率
売上高営業利益率	1.0000				
総資本回転率	−0.3523	1.0000			
流動比率	0.5743	−0.1431	1.0000		
手元流動性	0.6910	−0.4552	0.6183	1.0000	
自己資本比率	0.6775	−0.4912	0.5588	0.5986	1.0000

6.3 倒産予測モデル

判別関数式		判別の結果			
変数名	判別係数	見かけの的中率		判別された群	
売上高営業利益率	−5.7916			倒産企業	非倒産企業
総資本回転率	−2.1944	真の群	倒産企業	19	2
流動比率	−0.2814		非倒産企業	5	16
手元流動性	−0.1258				
自己資本比率	−0.2201	判別的中率			83.3%
定数項	2.7845				
F 値	3.3297				
自由度1	5	度数分布表		相関比	0.3162
自由度2	36	階級値	倒産企業	非倒産企業	
P 値	0.0142	−4		3	
マハラノビスの	1.7618	−3		2	
平方距離					
誤判別率	25.35%	−2	1	2	
		−1	1	9	
		0	10	3	
		1	7	2	
		2	1		
		3	1		
		4	1		
		平　均	0.8809	−0.8809	
		標準偏差	1.0521	1.4996	

判別関数値							
データ No.	真の群	関数値1	判別群	データ No.	真の群	関数値1	判別群
1	倒産企業	1.6807	倒産企業	22	非倒産企業	−0.3462	非倒産企業
2	倒産企業	0.9901	倒産企業	23	非倒産企業	1.8561	倒産企業
3	倒産企業	1.0059	倒産企業	24	非倒産企業	−0.1420	非倒産企業
4	倒産企業	1.6353	倒産企業	25	非倒産企業	−0.0520	非倒産企業
5	倒産企業	1.3514	倒産企業	26	非倒産企業	1.0469	倒産企業
6	倒産企業	0.5123	倒産企業	27	非倒産企業	0.1259	倒産企業
7	倒産企業	0.8690	倒産企業	28	非倒産企業	−0.9950	非倒産企業
8	倒産企業	0.6192	倒産企業	29	非倒産企業	−0.5074	非倒産企業
9	倒産企業	0.3598	倒産企業	30	非倒産企業	−2.4293	非倒産企業
10	倒産企業	1.0989	倒産企業	31	非倒産企業	−0.3863	非倒産企業
11	倒産企業	0.1253	倒産企業	32	非倒産企業	−1.4305	非倒産企業
12	倒産企業	−0.8020	非倒産企業	33	非倒産企業	−3.4429	非倒産企業
13	倒産企業	0.0888	倒産企業	34	非倒産企業	−0.7196	非倒産企業
14	倒産企業	1.0380	倒産企業	35	非倒産企業	−3.6474	非倒産企業
15	倒産企業	−1.3392	非倒産企業	36	非倒産企業	−0.5176	非倒産企業
16	倒産企業	0.1219	倒産企業	37	非倒産企業	−1.6006	非倒産企業
17	倒産企業	3.9616	倒産企業	38	非倒産企業	−0.6157	非倒産企業
18	倒産企業	2.1338	倒産企業	39	非倒産企業	0.7384	倒産企業
19	倒産企業	0.5005	倒産企業	40	非倒産企業	0.6196	倒産企業
20	倒産企業	0.9634	倒産企業	41	非倒産企業	−3.8458	非倒産企業
21	倒産企業	1.5837	倒産企業	42	非倒産企業	−2.2072	非倒産企業

判別得点の分布

凡例:
- 倒産企業
- 非倒産企業

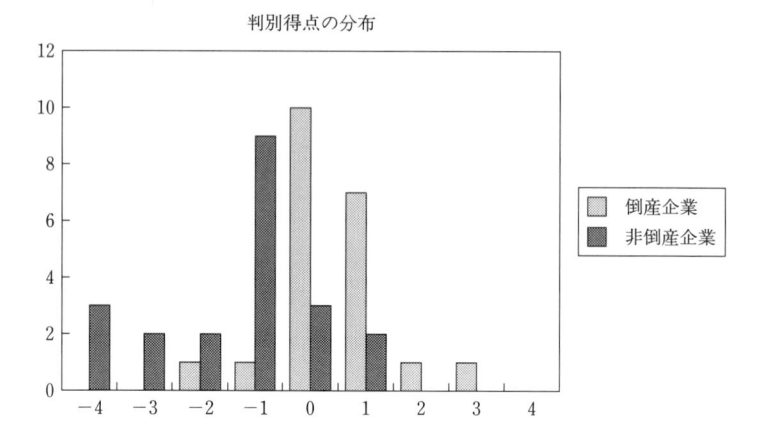

[表 6.6〜6.8 で用いた式]

総資本利益率	当期純利益/平均総資本 ＊ 100%
自己資本経常利益率	経常利益/平均自己資本 ＊ 100%
総資産事業利益率	(営業利益＋営業外収益)/総資産 ＊ 100%
売上高営業利益率	営業利益/売上高 ＊ 100%
売上高経常利益率	経常利益/売上高 ＊ 100%
売上原価率	売上原価/売上高 ＊ 100%
販売費・一般管理費率	販売費・一般管理費/売上高 ＊ 100%
総資本回転率	売上高/平均総資本
固定資産回転率	売上高/平均固定資産
棚卸資産回転期間	平均棚卸資産/売上高 ＊ 365 日
流動比率	流動資産/流動負債 ＊ 100%
当座比率	当座資産/自己資本 ＊ 100%
手元流動性	現金・預金/売上高 ＊ 12 か月
固定比率	固定資産/自己資本 ＊ 100%
固定長期適合率	固定資産/(資本＋固定負債) ＊ 100%
自己資本比率	資本/資産 ＊ 100%
負債比率	負債/資産 ＊ 100%

当座資産＝現金・預金＋受取手形＋売掛金＋有価証券
棚卸資産＝流動資産－当座資産

7

プリンシパルエージェントモデル

7.1 エージェンシー関係の概念

(1) はじめに

従来「スタンダードなエージェンシー理論」というものはあまり言及されなかった．しかし昨今，特に欧米の書籍でそれを取り上げるものが現れ始めている．そのなかで，Picot, Dietl & Franck (1997)における分類は非常に興味深く，また明快と思われる．のちに彼らによる，エージェンシーモデルの分類に詳しく触れるが，そこでのキーワードはasymmetric information，すなわち「情報の非対称(性)」である．

エージェンシー関係(あるいはプリンシパルエージェント関係，どちらも変わりはないが，しいていえば米国では前者，欧州では後者の名称が使われることが多い)についてなにがしかの厳密な定義をしてからこの議論を始めるのも一つの方法だが，ここではまずその身近な例を観察してからその考察へ進もう．

(2) プリンシパルとエージェントの実例

(a) 身近な例： まず身近な例からみてみよう．それは「先輩が後輩に缶ジュースを買いに行かせた例」である．

大学での先輩-後輩関係というのはなかなかシビアなものである．たとえば大学祭が近くなり，そこでの出し物の準備に追われて先輩がいらいらしているとき，後輩に「おい，ちょっとそこのコンビニに行って缶ジュースを買ってきてくれよ」などといってお金を渡す，ということもままあるだろう．このとき先輩が，缶ジュース8本分として千円札を1枚渡したとしよう．後輩としては，あまり気乗りのしないところがある．そこで嫌々ながらコンビニへ向かったら，偶然

その日はそのコンビニの開店1周年記念で，缶ジュースが1本100円というセールが行われていた！このとき後輩は考えた．「そうか，先輩は8本買ってこいといったんだ．だからいわれたとおりに8本買って行けば，文句はないだろう．だから，これならおつりは200円だけど，本来は40円渡せばいいんだから，その差額，160円は自分のものにしてしまおう！」こうして彼は先輩に8本の缶ジュースと，「おつり」40円を渡し，まんまと160円をせしめることができたのである．

ここではいくつか注目すべきトピックがある．まず，先輩は自分が缶ジュースを買いに行く精神的および肉体的余裕がなかったため，後輩にその仕事を委託し，権限を委譲した，ということである．後輩は，そのような先輩から委託を受けて缶ジュースを買いに行ったが，このとき先輩はプリンシパル（本人），後輩はエージェント（代理人）にあたることになる．このような依頼・委託の関係が生じたとき，エージェンシー関係が発生した，という．ただ，この例をみてもわかるように，もしこの先輩が後輩に仕事を頼まず，自ら缶ジュースを買いに出かけていたら，はたしてどうなっていただろうか．答えは明白，開店1周年記念セールで缶ジュースが1本100円だということを確かめ，200円のおつりを受け取っていたに違いないのである．つまり，このとき発生した200円 − 40円 = 160円は，先輩本人が買いに行かなかったから，あるいはこの後輩が代理人として買いに行ったから生じた損失である．これはこの2人の間にエージェンシー関係が発生したことによって生じたコストであり，こういうコストが「エージェンシーコスト」と呼ばれるものである．

では，次に，こういうコストを発生させないためにはどうすればよいか，ということを考えることが必要になるのはわかるであろう．そして，こういうコストが発生するという事態，それを何とかする必要がある，という問題を「エージェンシー問題」という．さらに，この問題を解決するためのさまざまなトゥールを「エージェンシー理論」というのである．

(b) **企業における例**： 企業において，あるいは経営学の分野で最初にエージェンシー関係の典型例として取り上げられたのは，上役と部下のエージェンシー関係である．

従業員は職務上，企業（＝経営者（陣））に雇用され，委譲された権限に依拠して，企業の業務を遂行しているから，そこにおいては，経営者（陣）は典型的な

プリンシパル，従業員は典型的なエージェントになっている．すなわち，経営組織のなかの上司と部下の関係は，意思決定の委任というエージェンシー関係の典型例である．そして，周知のとおり，企業というものはこのようなエージェンシー関係が積層化した融合体であり，経営者（陣）は文字どおり，その頂点に位置している．

上役と部下との関係に即してみれば，第一に，両者の目的には相違がある．部下の目的が自己の利益であるのに対し，上役の目的は，よほどの例外でない限り，これとは異なる．第二に，上役は部下のコスト引き下げなどの努力の程度や，技術，費用条件などの内部環境，生産物・生産要素市場などの外部環境について，部下ほどの情報をもっていない．こうした状況を考慮すれば，プリンシパルエージェントの関係において一般に必要とされるインセンティブの導入が，この場合必要となろう．

(3) エージェンシー関係の定義

プリンシパルエージェントの関係においては，両者の利害（目的）の不一致や情報の非対称性が存在することから，プリンシパルは自己の目的に即した最善の行動を，いかにしてエージェントにとらせるかという問題に直面する．ここで情報の非対称性というのは，エージェントの行動やその内部・外部環境に関する情報について，プリンシパルとエージェントの間で情報量およびその質に非対称性，不均一性，不平等があるということであり，プリンシパルにとっては，エージェントがどの程度の努力をしたのかがみえない（「隠された行動」）し，またエージェントが，その意思決定にあたって利用した情報がどのようなものであったのかを知ることができない（「隠された情報」），といった状況を意味する．こうした状況においては，プリンシパルにとって望ましいエージェントの行動に対して報酬を与え，望ましくない行動に対しては制裁を加えるという枠組み（「ペイオフルール」）を設定することが必要とされる．

Jensen & Meckling (1976) の p.308 によると，1人（あるいは複数）の人間が，自らへ成果をもたらさしめるべく他の人間（エージェント）を雇い，その際に結ばれる，意思決定能力が委譲されるような契約が，エージェンシー関係である．さらに，エージェントはその際，必ずしも常にプリンシパルの利益に基づいて意思決定はしない．

Ross (1973) の p.134 ではもう少し一般的に定義している．すなわち，二つ，

あるいはそれ以上のグループがあり，片方（エージェント）がもう一方（プリンシパル）の名で，あるいは代理人として，特定の意思決定問題に取り組んだとき，それらグループ間にエージェンシー関係が発生する，と述べている．

このどちらの定義によるときでも，前述の例にあげられた関係のなかで包含されないものがある．たとえばグループ意思決定では，誰がプリンシパルで誰がエージェントか明瞭ではない．すべての参加者が両方の役割をもっているからである．また，契約にまつわる関係は，国家の分配政策には，基礎になっているとはいいがたい．Pratt & Zeckhauser (1985) の p.2 では，エージェンシー関係が発生するのは，ある個人（プリンシパル）の厚生が他の個人（エージェント）の行動に依存するときである，と述べている．これならば，事実上，前述の例はすべて包含されうる．しかしながら，エージェンシー関係において何が重要なのかは，これらの（前述のような）例がなければ，この定義からは決して明らかにはならない．

それぞれ誰がプリンシパルで誰がエージェントかは状況によって決まることが多い．1人の人物がプリンシパルであると同時にエージェントであることもある．たとえば株式会社の監査役会は，執行役員会に対してはプリンシパルであるが，株主に対してはエージェントである．1人が複数の人間ないし機関に対してエージェントである可能性もある．こうしてたとえば病院の勤務医は患者のエージェントであるだけではなく，病院の経営者と健康保険に対してもエージェントである．

同じ行為者の間で複数のプリンシパルエージェント関係が重複する場合もありうる．配当金を重視する株主に対して，従業員の給料・能力開発への利害の保護が問題になると，株式会社の執行役員会は従業員に対してエージェントになる．同時に企業戦略の転換に関して取締役会は，従業員のプリンシパルである．

このようなことから，たとえば企業は，互いに入り組んだプリンシパルエージェント関係の絡み合ったものとして解釈することもできる．

企業はまた，プリンシパルに所属する一つの市場と理解される．Alchian & Demsetz (1972) に則していえば，「企業は私的に所有された市場と見なされうる」ということになる．そしてこれを，Jensen & Meckling (1976) の pp. 310-311 はより一般的に述べている．「ほとんどの組織は，個々人の間の一連の契約関係の連鎖であり，法的な『擬制 (fiction)』である」．彼らにとっては，「市

場の行動に類似した企業の行動」なのであり，それは，「複雑な均衡プロセスの結果」ということになる．すなわち，経営内部での最適な契約というものは，市場均衡として解釈される．

こうして，企業というものは個々の組織メンバー間の契約のネットワークとして把握されうる．そして，このネットワークの中心人物が，プリンシパルである．過去多くの場合，このプリンシパルは企業の所有者，すなわち株主である，と解釈されてきた．そして，すべての企業内協働者がプリンシパルの見地から最適な意思決定を行うべく行動するように仕組む(仕向ける)ことが，当然重要となる．であるから，このような状況で一番の問題は，「所有」と「財産処理権」の分離，すなわち企業内におけるコントロールの問題である(経営者資本主義)．企業の所有権というものは，企業の資産およびキャッシュフローへの請求権を意味している．これらの請求権は，一般に，同様の財産処理権をもつ他の人々の許しを得ることなく売却されうるものである．一方，ここでの「コントロール」は資源配分に関するある程度の自主的な意思決定権限の存在を意味している．そして，企業経営に直接の役割を果たさない人々が企業に対する請求権をもつとき，所有とコントロールの分離が発生するのである．この意味で，とりあえずはここでも，プリンシパルは所有者(株主)，エージェントは経営者ということにしておく．そして，すべてのエージェントが所有者の立場からみて最適な意思決定を行うようにさせるために，インセンティブが彼らに与えられる．すなわち，プリンシパルの立場からみて最適なインセンティブシステムをどのようにエージェントに対して形成するかが問題となる．

プリンシパルの立場からは，エージェンシー問題は，こうしてより広い意味における組織の問題ということになる．プリンシパルの目標は，意図をもって形成された(組織)メカニズムを経由して，エージェントの側の機会主義的に動機づけられた行動を抑えることにある．もし，プリンシパルがそのようなメカニズムを構築することに成功しないならば，エージェントは，自らに提供された自由行動の余地を利己的に，シャーキング(shirking)という形で使いつくすことになるであろう．前述のインセンティブシステムの構築は，このような「組織メカニズム」の代表的なものであるが，エージェンシー問題を一般的に記すならば，次のようになる．

① どのようなメカニズムがエージェントを規律づけるか．

② エージェントの業績をどのようにして評価するのか．
③ コストはいくらであるか．

これらの要素すべてを顧慮することによって，初めてこの問題はプリンシパルにとって最適な方法で解決される．

7.2 エージェンシー理論とエージェンシーコスト

(1) モラルハザード，アドバースセレクション，ホールドアップ

(a) エージェンシーコストと三つの情報的非対称： 本章の最初にあげたとおり，Picot, Dietl & Franck (1997) においては，エージェンシーモデルにおける，四つの hidden situation (本節での叙述は，Picot, Dietl & Franck (1997) に多くを負っている) が整理され，次表のように分類してある．

名称	その中身	それによって生じうる困難
① hidden characteristics	実際の能力を知らない	adverse selection
② hidden effort (action)	陰の努力を知らない	moral hazard
③ hidden intention	実際の意図を知らない	hold up

これらは，従来のエージェンシー理論をめぐる議論における混乱の，最も重大なものであるとされてきた．ここでは前述の Picot, Dietl & Franck (1997) に従い，その議論を整理しよう．

プリンシパルエージェント関係にある両サイドの者が，費用なしで情報を入手できるとすると，完全情報ないし確実性のゆえに，いかなる経済問題も生じない．常に最も生産的な分業・専門化の構造が実現されるように，契約が与えられる，ないしは意思決定が委譲されることになる．将来の環境と行為者のありうる反応のすべてが事前に特定されるので，行為者は，契約から外れた行動をとる余地はないだろうし，彼の相手がこれを阻止することもないだろう．交換と調整は最適に機能するだろう，つまり情報の費用が無料の世界では定義により同様に無料で機能するだろう．これらの条件のもとで生じる，厚生を最大化するような分業/専門化ないし交換/調整の構造は，いわゆるファーストベスト解と呼ばれている．

現実には，ある程度禁止的な情報獲得費用のため，経済行為者の知識が不完全になったり，しばしば不平等に配分されることになる．プリンシパルエージェント関係ではそのため，完全にコントロールされていないエージェントに対して自

由裁量的な行動の余地が開かれ，エージェントたちは（プリンシパルとエージェントの間で利害が一致していないことを前提として）その余地を自らの利益とプリンシパルの損失のために利用でき，またするであろう．その対策としてプリンシパルは，エージェントの行動余地を追加的な監視・コントロールメカニズムを使って狭められるし，またそうするであろう．しかしそれによって，場合によっては意思決定権限の委譲により得られた専門化のメリットの大部分を使いつくすことにもなる．潜在的なプリンシパルがエージェントに搾取される危険を非常に高く見積もると，彼はひょっとしたらプリンシパルエージェント関係を全く回避するであろう．分業と専門化のメリットは，コントロール問題を懸念して，生かされないままになる．

不完全かつ不平等に配分された情報のために，実際は前述のファーストベスト解とは異なった状態へ行き着く，と要約することができる．それが，いわゆるセカンドベスト解である．完全情報のもとで達成可能なファーストベスト解と，不完全な情報のもとで実現されるセカンドベスト解の差がエージェンシーコストである．

エージェンシーコストは詳しくいうと，三つの構成要素からなる．
① エージェントのシグナリングコスト
② プリンシパルのコントロールコスト
③ 残された厚生上の損失（残余損失と呼ぶこともある）

エージェントのシグナリングコストには，彼自らがプリンシパルとの間の情報の非対称を減らすために行う努力のすべてが含まれる．この例としては，求職者が提出する勤務成績証明書，売り手の出す品質保証書，あるいは借り主の担保供与などがある．プリンシパルのコントロールコストには，彼がエージェントに対してもつ情報上の劣勢を小さくするために彼がするすべての努力が含まれる．この例としては，国家が企業に対して環境付帯条件を実施する際の継続的な環境汚染測定，あるポストへの応募者の選抜の際のアセスメントセンター（人事採用部門）および資金貸付に際しての銀行による与信価値の審査などがある．

シグナリングおよびコントロールの努力にもかかわらず，大抵は最適な分業・専門化構造には行き着かない．不完全な知識のおかげで，生産性を最大化する構造の発見（調整問題）が妨げられ，さらに不平等に配分された知識が機会主義的な義務の回避（モチベーション問題）を可能にする．こうして厚生上の損失，す

なわち現実の状態の完全情報のもとで考えられる状態からの乖離が残されるのである．

これら三つの構成要素，つまり①エージェントのシグナリングコスト，②プリンシパルのコントロールコストおよび③残された厚生上の損失の間にはトレードオフの関係がある．たとえば残された厚生上の損失は，非常に高いコントロールコストをかけることによって大きく引き下げることができる．シグナリングを増やすことで，残された厚生上の損失と同様に，コントロールの必要性も少なくすることができる．

エージェンシーコストの額は，一連の条件とともに，選ばれた制度に依存している．エージェンシー理論的な制度デザインの目標は，ファーストベスト解に最も近いセカンドベスト解の発見による，エージェンシーコストの状況依存的な最小化である．

こうして，プリンシパルエージェント理論では意図的にプリンシパルの視点から意思決定状況が形づくられている．プリンシパルが十分に情報をもっていない可能性のある環境は，エージェントの性質，行為，情報と意図によって決められる．このコンテキストで，いわゆる三つのタイプの情報の非対称性が識別される．隠された特性(hidden characteristics)，隠された活動(hidden action, hidden effort)ないし隠された情報(hidden information)，そして隠された意図(hidden intention)である．

　(b)　**隠された特性**：　隠された特性は，プリンシパルがエージェント自身または彼により提供された財・サービスに関係する，変更不可能な(または少なくとも無償ではもはや変更できない)特性を，事前に，つまり実際の契約締結の前に知らない場合に存在する．プリンシパルは真の特性を事後的に初めて知るのである．

この場合，エージェントが悪い性質を隠す危険がある．それはたとえば，保険会社が絶えず直面する，望ましくない契約相手の選択(adverse selection, 逆選択)という問題になる．保険会社は潜在的な被保険者の個々のリスクを知らない．保険会社が統計的な平均値から計算した保険給付金を提供するとき彼らは，平均より上のリスクにさらされていると信じているような人々だけが保険の契約をするということを頭に入れておかなければならない．同様の問題は，新しい従業員の採用の際や貸付，いわゆる経験財(たとえば耐久消費財)の購入の際など

にも起こる．経験財の品質はそれを利用してみて初めて判断されるものである．

　隠された特性と結びついている逆選択(好ましくない契約パートナーの選択)の危険性は，存在する情報の落差を事前に，つまり契約締結の前に解消できれば，小さくできる．そのためにはシグナリング，スクリーニング，自己選択という三つの方法が利用できる．

　シグナリングによって，高い質のサービスを提供するエージェントは好ましくない質のサービスを提供するエージェントと自らを差別化できる．たとえば，就職を希望する者は勤務成績証明書を提示することで彼の能力を明確にすることができる．品質保証シール，手工業証明書(手工業会議所が発行する証明書)，審査報告，資格証明書，同業組合のメンバー資格などは勤務成績証明書と同様に，潜在的なエージェントとして望ましい達成を意味する特性をもつとプリンシパルに納得させるシグナルとなる．シグナルによって情報の非対称を解消させるためには以下のような前提条件が満たされなければならない．

　① シグナル生産のメリットは「望ましい」エージェントにとっては，その生産にかかる費用より高くなければならない．

　② シグナル生産のメリットは「好ましくない」エージェントにとっては，その生産にかかる費用より低くなければならない．

　エージェントのシグナリングに対応しているのが，プリンシパルのスクリーニングである．スクリーニングはプリンシパルに関係あるエージェントの質に関する特徴(たとえばその業績)に関するより詳しい情報を得ようとするプリンシパルの行動すべてをさす．このなかには雇用の際の採用試験，自動車の試乗，与信能力の審査なども含まれる．

　シグナリングやスクリーニングと同じように自己選択という方法も異なる質の供給者が入り混じった市場を分割するのに役立つ．プールされた市場ではさまざまな質の特徴が事前的には明らかになっていない．たとえば健康保険会社は潜在的な被保険者の病気のリスクを事前には知らない．このリスクはその客に質問してもつきとめることはできない，なぜなら，通常，保険会社よりも自分の健康状態をよく知っている申請人も，自分が不利になる可能性を恐れて，正直な情報を提供しないからである．実際のリスクは，差別化をした契約を提供することで部分的に明らかにできる．たとえば保険会社は差別化した料金や，自己負担の超過額を定めた条項によって顧客が自分の病気のリスクとリスク性向にあった契約を

自ら選ぶようにできる．

　シグナリング，スクリーニング，自己選択によるプリンシパルエージェント間の情報格差の縮小に対する代替案としては，適切な制度によってエージェントの利害をプリンシパルのそれと一致させるというものがある．潜在的なエージェントは，プリンシパルが望む成果のみを提供するように自分の利害を発現させる．たとえばエージェントが保証の約束をしたり，プリンシパルが返却できるようにする用意があれば，質の悪いものを提供するインセンティブはなくなる．プリンシパルによる悪評で，レピュテーションを失う危険性もプリンシパルとエージェントの間の利益の一本化につながる．

(c) 隠された活動，隠された情報： 　隠された特性とは反対に，隠された活動と隠された情報は，事後的に，つまりプリンシパルエージェント関係が経過するうちに出てくる情報の非対称を表している．隠された活動とは，プリンシパルがエージェントの行動を監視できないときに使われることばである．したがってたとえば，上司は仕事が多岐に渡るため，一人ひとりの部下の行動を時間的なとぎれなしに監視はできない．たとえば車を運転する人は，修理工場に車を取りに行ったときに，請求書にある特定の修理が必要だったのか，また入念に修理が行われたかを確認することはできない．

　それに対して，隠された情報というのは，プリンシパルがエージェントの行動を観察できるが，評価できないときをいう．プリンシパルに特定の状況の情報に対する知識の蓄えがなければ，エージェントの行為の評価の妨げになる．したがってたとえば，患者は医学的知識の不足のために，医者の治療を評価することはできない．

　隠された活動の場合にせよ，また隠された情報の場合にせよ，プリンシパルは行為の結果は知っているが，それがどれだけエージェントの努力によるものだったか，どういった外生的要因によったかというのはわからない．したがって，たとえば株式会社の監査役会が，経営業績の向上したときに，執行役員会の指示によって変えられた企業戦略によって達成されたのか，あるいはそれにもかかわらず達成されたのかを判断するのはむずかしい．エージェントが隠された活動，隠された情報によって発生したプリンシパルの情報不足を機会主義的に利用する危険はモラルハザード (moral hazard)（この用語を無理矢理日本語に訳して「道徳的危険」などとするのはよろしくない．誤解を招くものであるから，カタカナで

モラルハザードとするのが最良と思われる）といわれる．この，保険でまず議論された問題は，何も被保険者が注意義務に従っているかを試すことはできない保険会社に特有のものではない．委託行為と意思決定権の委譲は，しばしばモラルハザード問題を内に秘めている．

　隠された活動と隠された情報で与えられたモラルハザードの危険性は，エージェントの行動の自由度が大きいほど，またプリンシパルのコントロールの可能性が低いほど（またはコントロール費用が高いほど）大きくなる．不十分な監視可能性，ないし「監視可能であっても評価ができない」ため，プリンシパルはエージェントの行動に対して直接的に報酬を与えられないか，または，罰することができない．行動の結果に連動させることができるのは，制度に組み込まれたインセンティブ制裁システムだけである．たとえば，利益しだいで変える管理者の報酬など，成果への参加を通じてエージェントとプリンシパルの間の利害が一本化される．

　最適なインセンティブシステムと制裁システムの決定は，しかしながら，モラルハザードの危険性という局面のもとにのみではなく，プリンシパルとエージェントの間のリスク分配を背景にもみることができる．インセンティブシステムと制裁システムが行動結果に方向づけられ，それが外生的な要素（たとえば一般的な景気変動）から切り離せない場合，プリンシパルからエージェントへの部分的なリスク転嫁につながる．これは危険回避的なエージェントの場合，危険割増金（リスクプレミアム）をもってあがなわれなければならない．基本的にこの割増金はその危険回避的な行為者がリスクに多くかかわっているほど高くなければならない．たとえば（目前の彼のポートフォリオの分散化のために）あまり危険回避的でない企業家が成果に応じた賃金の支払いを予定した契約を従業員と結び，従業員の決定的な業績がコントロールできないような偶然の影響に従うならば，企業家は平均的に高い給料を支払わなければならない．その理由は，危険回避的な従業員が，定義により少ないけれど確実な収入を，いくぶん多いがリスクが大きい収入よりも好むからである．われわれの例では，企業家がリスクすべてを負担すれば危険割増金は最小限で済む．これはさしあたり能力給を固定給に置き換えるという意味になる．しかしこのような契約は，従業員がリスクに対する免疫だけではなく，達成のインセンティブからも完全に解放することになる．インセンティブシステムとリスク配分の最適化は，明らかに相争う部分目標であり，プ

リンシパルとエージェント間の利益の軋轢の全体的解決のため，保険をかけられた行為者のモラルハザード行動による取引費用に対して，誤って配分されたリスクのための割増金を比較考量しなくてはならない．最適な解決法は，リスクに対する追加的な関与によるインセンティブの影響がその関与のために追加的に必要になる割増金で補われることで得られる．

インセンティブと制裁による利益の同一化のほかに，モラルハザードに根本的な情報非対称の削減は，モニタリング行動で試みられうる．正式な計画システムやコントロールシステム，原価計算システムや簿記システム，報告システムなどは，たとえば企業内では管理者と部下の情報非対称の緩和をはかることができ，この方法で部下の自由裁量に任された行動余地を狭めることができる．株式会社の監査役会などのコントロール機関は取締役会の行動の透明性をつくり出す目的がある．環境庁による大気汚染測定は，監視されている大気汚染の原因となった人の行動余地を制限することに役立つ．

(d) 隠された意図： 隠された意図というのは隠された活動や隠された情報とは違って，プリンシパルはエージェントの機会主義的な行動には気づくが，阻止することのできない状況をいう．隠された意図がプリンシパルエージェント関係で問題になるのは，プリンシパルが引き返すことのできないような投資を行い，そのためにエージェントに依存するような関係に陥るときである．引き返すことのできない投資と結びついた費用を埋没費用 (sunk cost) と呼ぶ．

隠された意図の場合，プリンシパルはエージェントの意図を事前には知らない．その意図は事後的に初めて明らかになる．プリンシパルに欠けているのは，エージェントを忠実に振る舞わせるための制裁の方法である．エージェントがこの状況をプリンシパルに不利なように利用するとホールドアップ (hold up) と呼ばれる．ホールドアップの例としては，期限つきの大口注文を受けたあとで出される従業員の賃上げ要求や，住居への入居直後の家賃値上げ，依存的なサプライヤに対する，完成車メーカーのリベート要求などがある．隠された意図と特殊な投資によって起こる一面的な依存関係は，ホールドアップという危険性をはらんでいる．これを取り払うために，一面的な依存関係を相互的なものに変容させるよう試みることができる．プリンシパルはエージェントに一種の担保を要求することによって関係を変えることができる．担保はプリンシパルにとってエージェントの一面的な搾取の試みに対する制裁を含んだものになる．担保としてはたと

えば，相殺取引や引き取り保証(いわゆる take-or-buy 条項)，資本参加，抵当権やエージェントの名声がその機能を果たす．担保によってエージェントとプリンシパルの間で利益が一致する．エージェントはいまやプリンシパルの意向に沿って行動をすることに興味をもつ．それは，エージェントはさもなければ切迫した制裁処置のため，メリットよりも大きなデメリットを背負うだろうからである．

取引費用のフレームワークでのホールドアップ問題の別の扱い方の可能性は，多くの場合，組織的統合ということになる．こうしてたとえばディーラーのノウハウに左右される自動車製造者は，そのホールドアップ行動を，長期的契約，資本参加，完全なテークオーバーや，自らの生産能力を相応に構築するなどにより，失敗させることができる．完全な垂直的統合の場合，所有によって，さもなければ恐喝によって奪われる資源に対して最大限のコントロールを及ぼす．

プリンシパルエージェント理論の説明・デザインの上での貢献は三つの考慮すべき組織レベルのすべてにみられる．したがって競争のフレームワークとしての市場組織では，たとえば連邦カルテル庁のような政府の監督官庁と，情報の非対称性のために競争政策の裏をかく企業との間に，プリンシパルエージェント関係が発生する．たとえば水平的または垂直的提携において現れるような組織間関係もまた，提携パートナー間の，不均等に分布し不完全な情報という問題を投げかける．もちろんプリンシパルエージェント理論は企業の内部関係に関する学説でもある．前述のとおり，上司と部下の関係や，所有者と管理者のそれはまさに古典的な委託者-受託者の関係である．

(e) 補　足：　以上の三つのうち，隠された特性，隠された活動および隠された情報については，その初期の議論で Arrow (1985) が取り上げて以来，よく知られたものである．これに対し，隠された意図については，意外に知られていない．そこで，ここではその隠された意図，そしてそれにより生じるホールドアップ問題について，補足しておこう (以下の叙述は，大録 (1991) に多くを負っている)．

取引の一方の当事者が他に転換・転用するのが容易でなかったり，費用がかかることを行った (これを非可逆性にコミットするという) のち，もう一方の当事者が，これを盾にとって，予測できないことを要求してくることをホールドアップ問題という．非可逆性へのコミットメントにつけ込んで，以前に示していた取

引条件を有利な方向に勝手に変更するようなことも，その例の一つである．ホールドアップ問題が生ずれば，取引の一方が他方を搾取することが起こりうる．

　情報の経済学は，円滑な市場取引が行われるためには，契約（私法的救済を担保とした合意）をうまくつくって，的確に実行することが可能であることが必要であることを明確にし，このことがうまくいかない場合を明らかにしている．

　契約をうまくつくれないのは，非標準的な財・サービスの取引の場合である．このような場合は，二つのケースが考えられる．一つは，当事者間の情報の非対称性のため，うまく契約をつくれないか，あるいは，取引主体間では情報の非対称性がなくとも第三者（たとえば裁判所）にそれを示すことができないケースである．

　たとえば，「努力をする」というような条項を契約に入れても，外見による証拠だけでは，モラルハザードが生じ，的確に実行することはできない．もう一つは，将来生じうる状況の可能性があまりに多く，複雑なために，契約をつくることができないか，または，たとえ契約が可能であっても契約を的確に実行することが困難であるケースである．

　一般に，長期契約は，逆選択の問題を別としても，多くの事項が未知で情報の非対称性があるためモラルハザードを避けられないこと（オポチュニスティックな行動の問題），および，将来のありうべきすべての状態を想定して事前に決めておくことは不可能であること（限られた合理性）の問題を含んでいる．他に転用がむずかしく特定の相手にしか通用しない資産の蓄積を伴うような取引は，1回限りの取引を別々の相手と繰り返し行うよりも，特定の相手と長期的な取引を行った方が取引主体双方にとって有利である．この場合，契約による取引をしようとすれば，長期契約を行うことになるが，これは，上記の理由で，ホールドアップを避けられず，このことは継続的取引や組織の形態がとられる重要な要因の一つとなっている．下請や流通などの企業間の継続的取引は，私法的救済を担保とした契約の代わりに双方向の人質（準レント）を担保として協力関係を維持し，他に転用がむずかしく特定の相手にしか通用しない資産の蓄積を伴う取引をホールドアップを防いで有効に行う（準レントを広い意味で人質ということにしよう）．準レントは非可逆性へのコミットメントであり，評判のメカニズムが重要な役割を果たし，人為的につくられる場合もある．

　下請や流通などの企業間の継続的取引でも，ホールドアップを避け切れない場

合があるように思われる．それは，後述するように，取引開始後，親会社や大企業の需要が停滞ないし低下し，将来の利潤機会がそれほど大きくなくなり，親会社や大企業が将来の利益よりも現在の利益を追求するために，評判のメカニズムを軽視して，中小企業が提供している人質（準レント）につけ込んで搾取を行いホールドアップ（下請いじめや納入先いじめ）を生ずる場合である．

また，消費者と企業との取引などで，情報の非対称性があれば，モラルハザードを生じ，そのままでは，契約による取引で品質のよい財・サービスを取引することができないが，契約による取引をうまく行い，品質のよい財・サービスを取引するための補完メカニズムとして，評判のメカニズム，あるいは，多量の広告や立派な店構えというシグナルを使う場合には，これを，改善することができる．しかし，これらの補完メカニズムが有効に働かない場合には，品質のよい財・サービスを取引することができず，モラルハザードを生じ，騙しや人質を提供させて搾取するホールドアップが行われる．

競争制限，あるいは独占禁止法上の概念である，「取引上の優越的地位の濫用」は，従来は，力の強弱のある対等でない取引において行われると考えられてきた．しかし，力の強弱のある対等でない取引というのは，不明瞭な概念である．むしろ，取引において，他に転用することがむずかしかったり，コストがかかる非可逆性にコミットしたのち，取引の相手がこれを盾にとってホールドアップを生じ搾取を行うことを優越的地位の濫用と考える方が適当ではないだろうか，という考え方が，しだいに有力になってきつつある．

(f) エージェンシーコスト： 一般に残余損失は，いわゆる「機会損失」の概念に対応するとされる．しかし，このような機会損失の概念は，何らかの最適な状態との対応において初めて存在するものである．機会損失とは，不確定性下の意思決定問題において，事後的にみて（不確定変数の実現値が確定したあとからみて）決定が最適でなかったときに，最適な場合と比べて少なくなっている利得指標の大きさであり，これは最適な決定をする機会を見逃したことによる損失であるといえる．そこで機会損失は決定変数 x と不確定な環境変数 y の関数であるから，それを $l(x, y)$ と記せば，利得指標 $z=f(x, y)$ との関係は次の式で与えられる．

$$l(x, y)=\max_{x} f(x, y)-f(x, y)$$

ここで右辺第1項は，yの値が決まったときxの値をいろいろに動かして得られる最大の利得指標の値を表す．したがって，もし実際の決定が事後的に最適であったとすれば，$l(x,y)$はゼロとなる．決定理論の分野ではこれを完全情報の価値と対応させることがある．エージェンシー理論における残余損失の場合には，このような環境の不確定性のみならず，エージェントの努力水準にも左右されるため，広い意味でのモラルハザードにより発生するコストということで，「モラルハザードコスト」と呼ぶ論者もある．この機会損失を一つの費用と考えれば，それを「機会費用」と呼ぶこともできよう．それは，見逃された機会の費用であり，選択された行動案のために犠牲になった行動案からの利益である．したがって機会費用は定義により財務会計記録には現れることはない．しかし，意思決定者にとっては常に認識される，あるいはされねばならないものである．

(2) **エージェンシー関係・エージェンシーコストの定式化**

(a) **一般的定式化**： エージェンシー関係として共通の性質を見つけ，いろいろな社会関係のなかから識別して，それに対する一般的な枠組みを与えたのはRoss (1973) とBerhold (1971) が最初であったとされる．特に，Ross (1973) のモデルは，エージェンシー関係を表すモデルとしては草分けで，その後の発展の基礎になっている．Ross (1973) のモデルを少し改良した基本モデルを紹介した，谷内 (1983) のパイオニア的労作に従いみてみよう．

エージェントAは不確実な環境のなかで意思決定をする．これは次のように表される．Aが実行できる行動をdとし，その集合をDとする．Aがとる行動dによりある結果が生まれるが，それは常に同じものとは限らない．それはAの行動以外に結果に影響を与える要素があるからで(それを環境と呼ぶ)，環境がとる個々の値，つまり環境の状態をθ，その空間をΘで表す．すると，Aの行動dと環境の状態θからある特定の結果が生まれることになる．これをxで表す．考えられる可能な結果の空間をXとすると，Aの行動，環境の状態および結果の間の関係は，関数$\rho: D \times \Theta \to X$によって，

$$x = \rho(d, \theta)$$

と表すことができる．ここで，具体的な例をあげよう．

P社がある商品の販売をA店に委託する場合を考えよう．売上高は，不確実性を伴うが，A店が販売に努力すれば売上高は伸びる．そのA店に対し，仮にP社は売上高に関係なく一定額の手数料しか支払わないことにすれば，A店は販

売努力を怠り，P社の利益も伸びない可能性がある．したがって，A店の販売努力を喚起するために，手数料は売上高に比例させることが考えられる．

またP氏がA店にある仕事を請け負ってもらう場合を考えてみよう．P氏はこの仕事のために一定額の報酬を支払い，A店は最小のコストでこの仕事を完成させようとするとしよう．しかしこのときのコストは不確実性に左右される．そのためA店はその不確実性を見越して，報酬を高めに要求することになろう．これを避けるには，たとえばP氏がA店に一定の利益を保証する，つまり実際にかかったコストに一定の利益を上乗せして報酬とする（コストプラス契約）という方法が考えられる．こうすると逆に今度はA店のコスト削減意欲が低下し，P氏は余分なコストを負担することになるかもしれない．このためP氏は，A店のコスト削減努力を喚起しながら，なおかつ報酬額を引き下げる方法を工夫しなければならない．この例ではP社に帰属する売上高がここでの結果に相当し，請負の例ではA店が負担するコストがこれにあたる．何を結果としてモデル化するかというのは重要なことであるが，簡単のため以下では結果をPが手にする利得としよう．そしてρを利得関数と呼ぶことにする．さらに，d, θ, xはすべて数値であるとしよう．

環境の不確実性は，Θに一つの確率分布を定めることによって表される．この不確実性はときには主観的なもので，一般にはPとAとでその評価が違うかもしれない．しかしここでは，それが同じであると仮定し，その確率分布をμで表すことにしよう．

ところで，Aがどのような行動をとっても環境が不確実であるからPが手にする利得は不確実である．したがってAが受け取る報酬も，それが一定であるという契約でない限り，不確実である．このような場合，Aの行動選択にはAのリスク態度が大きくかかわってくる．これは，Aがリスク回避的ならば，報酬額について凹な効用関数によって表すことができる．またリスク中立的ならば線形な効用関数を考えればよい．これはPについても同様である．

さらにAにとっては，同じ報酬額でも仕事に傾ける努力の程度によって効用は変わってくるであろう．これは，行動dを努力の水準と解釈し，Aの効用がdに依存するように効用関数を定義することによって表される．こうして，Aの効用関数は，報酬による所得ωと努力水準dの2変数関数$A[\omega, d]$で表される．またPの効用関数は，利得から報酬を引いた残りの所得ωの関数として

$P[\omega]$ で表されることがわかる.

さて, A に支払われる報酬額は P が手にする不確実な利得に依存するのがふつうである. そこで, どれだけ利得が得られたらどれだけ A に報酬を支払うべきかを定めるものを報酬計画と呼び, これを関数 $\pi: X \to R$ で表す. この報酬計画は, 実際には P と A との交渉を通して, 次のように考えることにしよう.

P が報酬計画を A に示したとき, それがある最低報酬を保証するものであれば, A はそれに同意するとしよう. この仮定のもとでは, 上の効用関数を用いて, どのように報酬計画が定まるかを定式化することができる.

いま, 報酬計画として π がとられ, A が行動 d をとったとすると, P および A が得る期待効用 $p(\pi, d)$, $a(\pi, d)$ は, 次のようになる.

$$p(\pi, d) = \int P[\rho(d, \theta) - \pi(\rho(d, \theta))] d\mu(\theta)$$

これは,

$$F(x; d) = \int_{\rho(d, \theta) \leq x} d\mu(\theta)$$

とおくと,

$$p(\pi, d) = \int P[x - \pi(x)] dF(x; d)$$

$$a(\pi, d) = \int A[\pi(x)] dF(x; d)$$

と, より簡単に表現される.

したがって, P は次の問題を解いて最適な報酬計画を決めることができる.

$$\max_\pi P(\pi, d^*) \qquad (7.1)$$

subject to

$$a(\pi, d^*) \geq a_0 \qquad (7.2)$$

$$a(\pi, d^*) \geq a(\pi, d) \text{ for } \forall d \in D \qquad (7.3)$$

すなわち, A は P から示された報酬計画から得られる期待効用を最大にするような行動をとる ((7.3) 式). ただし, ここで A は自分の行動を決定するとき環境の状態について何の情報ももってはいないと仮定される. P は, A の行動決定をそのように予想し, A に最低報酬 a_0 を保証して ((7.2) 式), 残りの利得から得られる期待効用を最大にするように報酬計画を選ぶ ((7.1) 式).

ただし, ここでは $a(\pi, d)$ を最大にする $d^* \in D$ は一意であると暗黙のうちに

仮定している．もしそうでないときには，Aは無差別な二つの行動についてはPが選好する方の行動をとると仮定し，(7.1)式を

$$\max_{\pi,d^*} P(\pi, d) \qquad (7.1\,\mathrm{a})$$

に換えることができる．

この問題の解の存在条件や解法については，X が有限集合で，A の効用関数が，

$$A[\omega, d] = G(d) + K(d)U(\omega) \qquad U \text{は凹増加関数}, K(d) > 0$$

という特別な形をしており，Pがリスク中立的もしくは回避的な場合には，なお若干の条件のもとで，解が存在し，(7.1)～(7.3)式が線形制約下での凸計画問題に変換できる，とされる(Grossman & Hart (1983))．

(b) 外部効果と情報の非対称(性)： 以上の議論を，外部効果と情報の非対称性という観点から見直してみよう．エージェントは，意思決定 $x \in X$ を行う．これは，たとえば彼が属するチームへの貢献の質や量にかかわる．その大きさは，彼自身の富あるいは効用だけではなく，プリンシパルの富あるいは効用にも影響を与える．エージェントの努力の結果であるチーム労働の成果に，プリンシパルは関与する．エージェントの活躍に関してプリンシパルとエージェントは異なった価値観をもつ．すなわち，チーム労働のためにより多く努力することはエージェントにとって個人的非効用となるため，エージェントの意思決定の外部効果は負となる．こうしてプリンシパルが好むようなエージェントの活動は彼自身にとっては非効用をもたらすのである．

こうしてプリンシパルはエージェントに何らかの補償を申し出ることになる．それはエージェントがプリンシパルの好まない活動をしないように，プリンシパルによる p という支払いに対応してエージェントが $x \in X$ という意思決定を行うようにさせる，(x, p) という合意へとつながる．両者の合意は効率的な「ファーストベストの協力デザイン」に到達するであろう．

この場合，エージェントの富あるいは効用 $U(x, p)$ もプリンシパルのそれ，$V(x, p)$ ともに活動 x，支払い p の組み合わせに依存する．ただし，エージェントはより少ない x，より多い p を，プリンシパルは逆により多い x，より少ない p を好むであろう．

このような外部効果が情報の非対称のもとで起こったとき，活動 x と支払い p の組み合わせに関する単純な交渉はむずかしくなる．たとえば何らかの理由で，

エージェントが行う（あるいは行った）活動 x をプリンシパルが正確に観察したり確認できないとき，一方のエージェントは当然それを知っているのだから，それに関してもっている情報の質・量については両者間で，不平等あるいは偏りが発生している．これが情報の非対称である．この場合 x と p の組み合わせについてプリンシパルがエージェントと交渉することは意味がない．

しかし，エージェントがとる行動 x について，そのすべてではなくても，何らかの情報を与えてくれるような何らかの指標（変数）を無料で知ることができるかもしれない．たとえばそれを，チーム労働の成果 y，何らかのコントロール手段により得られるモニタリングシグナル z とすることができる．y と z はエージェントの同意なくプリンシパルが観察できるので，y と z の関数として報酬スキーム $p(y,z) \in P$ という支払いを定義できる．プリンシパルは，エージェントに報酬スキーム $p(y,z) \in P$ を申し出て，一方のエージェントは，y や z が彼の活動 x に連動することから，プリンシパルに対応して活動するであろう．

以上を定式化すると次のようになる．

エージェントは報酬スキーム p に依存する活動 $x = \phi(p)$ を選択する．彼の活動は，関数 $\phi: P \rightarrow X$ で表される．すなわち，報酬スキームがインセンティブを与える，あるいはエージェントの意思決定 x は，報酬スキーム p によって誘発（induce）されるのである．

7.3 財務におけるエージェンシーモデル

(1) 経営者（陣）を取り巻くエージェンシー関係

エージェンシー理論のフレームワークを企業にあてはめて考えると，次のようなエージェンシー関係を企業組織内に把握することが可能となる．すなわち，契約の本質が，組織参加者の提供生産要素と，その対価に関するものであるとするならば，財務の分野で考えれば，たとえば，株主は自己の資金を提供し，その対価としてキャピタルゲインや配当を受け取り，従業員であれば労働を提供することによって，賃金などを受け取るという契約を組織に参加する際に（往々にして暗黙のうちに）結ぶと考えられる．しかし，それら契約者たちが実際に対価を受け取るのが，契約時ではなく，契約後，それら生産要素を受け取った経営者（陣，以下同様）が，生産要素の対価を生み出すべく経営政策を制定・実行したあ

7.3 財務におけるエージェンシーモデル

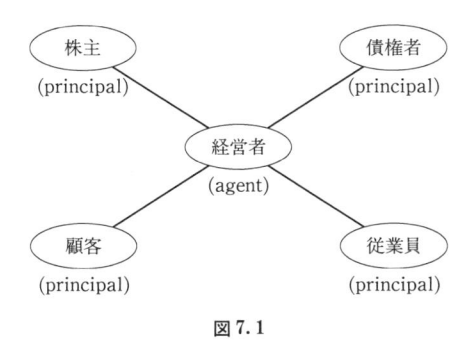

```
        株主                    債権者
     (principal)              (principal)
            \                /
             \              /
              経営者
              (agent)
             /              \
            /                \
        顧客                    従業員
     (principal)              (principal)
```

図 7.1

とであることを考えると，そこに経営政策の制定・実行に関し，経営者をエージェントとし，他の参加者をプリンシパルとしたエージェンシー関係の存在をみることができるのである（図 7.1 参照）．また，この図で経営者が従業員のエージェントになっていることについては，わが国の企業に特有な関係である（あるいは，あった）ことは以下で述べる．

このように，組織内にはさまざまなエージェンシー関係が存在するわけであるが，そのすべてを同時に考慮することは非常に複雑性を伴うものとなってしまうことから，従来の研究はそのうちの一つの関係に焦点をあてたものとなっている．しかし，いわゆる危険負担者としての株主と，企業の経営政策を制定・実行する経営者との間におけるエージェンシー関係は他の関係に比べて，従来その認識が希薄であった．たとえば，従来の研究のうち，他のエージェンシー関係，すなわち経営者と債権者間の関係や経営者と顧客間の関係に分析の焦点をあてた研究においては，株主と経営者との利害は対立しない，もしくは，経営者は株主の完全な代理人であると仮定されているのである．

おそらく，このような研究の背景には，株主総会や取締役会において経営者の行動がチェックされうるという仮定が暗黙のうちにあったと思われるが，企業の成果というものが，環境の不確実性の存在によって，単に経営者の経営政策の善し悪しだけでは決まらないということを考えるならば，年次ごとの株主総会では経営者の行動の是非を正しく判断することは不可能であろうし，取締役会などにしても，たとえば日本の場合のように，内部経営陣がその構成員を兼ねている状況では，それらの機能を果たす効果というものも十分なものとは考えにくい．しかも，それらの機構がもともと有効であるとしても，現代企業の株主総会や取締

役会が形骸化していることを考えると，それら研究の現実的妥当性も当然疑問視されねばならず，株主と経営者間に発生するであろうエージェンシー問題に注目する必要があることが認められるであろう．

したがって，株主をプリンシパルとし，経営者をエージェントとするような関係においては，株主と経営者との利害が一致せず，また環境の不確実性の存在によって，単にその成果だけでは経営者の行動を評価できないために，もし株主が自らの利害に沿った行動を経営者がとることを希望するとすれば，株主は経営者の行動を何らかの方法で監視するようなシステム（モニタリングシステム）や，経営者が株主の利害に沿って行動するように動機づけるシステム（インセンティブシステム）を構築するという対策を立てねばならず，そのためには機会的なものも含めてコスト（エージェンシーコスト）を負担しなければならないということが明らかになるのである．

(2) 日本企業におけるエージェンシー関係の固有性

通常の企業の理論において，あるいは，ごく大雑把な言い方をすれば，新古典派経済学における企業の理論において，企業内における「常識的」な，エージェンシー関係にあたるものは，株主と経営者の間のそれである．ひるがえって，わが国の企業について，その現状を観察してみると，やはり，経営者は，実質的には一般株主のエージェントでは，全くない．また，株式の相互持ち合いを通じて，法人株主の「プリンシパル権」を相殺し，かくして全体としての株主の「プリンシパル権」は完全に消失している．

一方，経営者と従業員の関係は，日本独特の「相互エージェンシー関係」になっている．すなわち，従業員は職務上，企業（＝経営者）に雇用され，委譲された権限に依拠して，企業の業務を遂行しているから，そこにおいては経営者は典型的なプリンシパル，従業員は典型的なエージェントになっている．すなわち，経営組織の中の上司と部下の関係は，意思決定の委任というエージェンシー関係の典型例である．そして，周知のとおり，企業というものは，このようなエージェンシー関係が積層化した融合体であり，経営者は文字どおり，その頂点に位置している．これはわが国に限ったことではないが，その一方で，わが国では，独自の「企業一体感」に従い，従業員はその運命を経営者の意思決定に託している．すなわち，わが国では，「企業」は，株主のものだとは思われておらず，実は，企業にコミットして長期に働いている従業員のものだと，常識的に思われ

ている．社員も含めて一体として一つの「企業体」という観念がある．社員は簡単に辞めて他へ移れるほど労働市場が完全でない．すなわち，経営者や従業員は，企業に「貼りついている」のである (従業員人本主義)．

このような状態に立ち至った条件として，通常取り上げられるのは，いわゆる日本的経営の諸構成要素のうちの次の三つである．

「終身雇用」，「年功序列」，「企業別組合」

このうちの「企業別組合」は，「終身雇用」と「年功序列」の副産物的意味あいももっている．

従業員が長期間同一の企業に所属し続けていることにより，彼の所有する「スキル」は当該企業に特有・固有のものとなり，中堅社員になったときに占める職は，彼のその後の企業内生活の上では自らを守り，盛り立てていく際の，中心的な「武器」となるものである．そして，この「スキル」がほかならぬ「人的資本」としての彼自身が所有する「特殊能力」である．

すなわち，わが国では従業員は「将来の富」(言い換えれば「人的資本」)の出資者であり，しかもそれらの「資本」あるいは「資産」は，自らの手ではリスク分散しえず，事実上は経営者がそれらをとりまとめて「投資」しているのである．従業員は，自らの「生涯賃金(当然退職金も含む)」という資産ポートフォリオを自力では分散化できない．これは，退職金の運用方法，保存の制度が日本は固定的なことによる．つまり，事実上従業員は，自らの「人的資本」およびその裏づけたる「将来の富」の投資先として自らの所属企業に委託し，その結果，当該企業の価値がすなわち同時に彼らの「資産ポートフォリオ」の価値になっている．このため，企業が代わりにリスクを分散する行動をとることになる．つまり，経営者は，従業員から権限を委譲されて，資産の分散化に努めているのである．この見地からみると，従業員は，否応なしに自らの生涯賃金としての将来の富の管理運営という活動を，企業(=経営者)に委託し(この意味で意思決定権限の委譲を行い)，その意味ではプリンシパル的立場にある．ただし，従業員自身はこの場合，エージェンシーたる経営者へ能動的に働きかける立場にはない．せいぜい自らの所属する企業の業績に目を光らせ，あるいは，たかだか労働組合を通じた，ごく一般的なモニタリングをする程度である．しかし，一方の経営者は，こうして「委託」された資本の運用の全責任を負わされているのであるから，エージェントとしての意識は強いと思われる．自らの意思決定が及ぼす影響が，従業員全体

の富を左右することと，重要なことは，自分自身もそれら従業員から経営者になったものだ，ということである．彼は，いわば従業員代表という立場にもあり，日本的な意味での従業員のエージェントにあたるものになっているといえる．こうして，わが国の企業内における経営者と従業員の関係は，いわゆる日本的経営，すなわち日本独自の雇用慣行・制度のゆえに，たいへんユニークな「相互エージェンシー関係 (a reciprocal principal-agent-relationship)」になっていたのである．

(3) エージェンシーコストの削減のための方法（経営者を規律づける「装置」としての企業内外の制度）

すでにみた非対称な情報の分布の問題に対する解決方法の探求は，よく考えてみると，企業内における組織・制度の設計の問題にあたることがわかる．それは，株主-経営者，従業員-経営者という二つの接触面に共通したテーマでもある．

すなわち，経営者は常に，株主や従業員が知らない情報を所有している可能性があり，それだけで経営者が優位に立っているといえる．たとえば，使用者としての経営者が適正な賃金を時間どおり正しく支払っているかどうかを従業員側がチェックすることは，それほどひどく困難なことではないかもしれないが，ある種のパフォーマンスの評価に関しては，常にそうであるとは限らない．非金銭的なフリンジベネフィット，たとえば有給休暇，健康保険，恩給その他の現物的な支払いは，個々の従業員にとっては，貨幣賃金と同程度の容易さでその支払いの性格・正確さを判断したり，それをチェックしたりする情報を自ら十分に備えていることはむずかしい．従業員はこの問題について経営者を信頼しきることもできるであろうが，監視コストをかけてもその支払いを監視する方を選択することも考えられる．

このような事態をエージェンシーコストの発生およびその負担者という見地から見直すならば，それはやはり契約のパートナー同士がもつ情報に依存している．情報が偏在している場合には，期待の形成が同質的でないという事態が生じ，たとえばその克服のために「シグナル」を使用する必要が出てくることはよく知られているところである．しかし，経営者対株主，経営者対従業員というエージェンシー関係の図式のもとでは，「シグナル」をこえてもう少し広く，いわゆる「社会通念」や「信頼」，「慣行」，あるいはさらに「自己規律」や「制度」に頼ることが必要となってくる．「制度」は言い換えれば他律的「規制」を意味して

いる．すなわち，「制度デザイン」によって，本来自然に動くべきパス(path)の機能を補完し，自律的規制ではなく他律的にコントロールを行うことになる．それは，「制度」とともに「装置」という用語を用いても表現できるものであろう．プリンシパル(株主，従業員)とエージェント(経営者)の間の行為に対して，役割期待と動機づけの組織化を規定し，企業内の共通ルールのパターンに統合する「制度」づくりが行われる，ということである．「制度」は，この場合には当然，目にみえるものから，明文化されない慣行，慣習までが含まれうる．

企業内のエージェンシー関係の場合，経営者(陣)を監視し，規律づけるための「制度」としてのメカニズム，あるいは手段としては，では，どのようなものが考えられるであろうか．

この点については，青木(1984)，およびSpremann(1990)に興味深い分類がみられる．

Spremann(1990)によると，経営者をコントロールするメカニズムが有効に機能すればするほど，エージェントとしての経営者とプリンシパルとの間の関係は，より簡素にかつ余分な責任関係をそぎ落として形成されうる．個人的かつ主観的な行動様式が客観的な規則やメカニズムによって排除され，置き換えられれば，契約というものの市場性が高まる．すなわち市場を経由した解決方法が有効になる．

そのようなメカニズムとして次の七つがあげられている．

① 報酬，② 発展，③ 法的規制，④ 労働市場，⑤ 集団による意思決定，
⑥ 名声，⑦ 族意識

以下，順次検討していくこととする．

① 報酬(payment)：プリンシパルの目標に沿った行動をエージェントにさせるべく報酬体系を形成する，という常套的かつ古典的な議論である．利益分配，ステータスシンボルの供与など，ごく常識的なものである．

② 発展(evolution)：製品市場での競争が経営者を規律づけるために貢献するという，超古典的かつドイツではなぜか広く信じ込まれている議論である．自社の生産技術の向上，新技術の開発，製品の改善，原価の低減などが，資本提供者へ向けた経営者の「努力の証し」となり，また，これに成功しないことが「創造的破壊」のプロセスへ当該企業が巻き込まれることを意味する，と主張している．このような競争プロセスへの経営者の「巻き込み」は，全く無力なものでは

ないであろうが，これ自体は特に新たに始まった事態ではなく，とりわけ拘束力のあるファクターとはいいにくいと思われる．

③ 法的規制 (legal regulation)：客観的な自社の情報を定期的に準備する義務の存在は，経営者のコントロールに「疑いなく」貢献する，という主張である．ドイツ株式法では，第162条から第169条までで，外部の複数の監査人，および第170，171条で監査役会 (der Aufsichtsrat)（日本の監査役と混同しないよう「監督役会」と訳すことも多い．ここでも，以下では「監督役会」と称する）により決算を監査する包括規定が組み込まれている．また第177，178条では株主総会後に，承認された決算書類が遅滞なく所定の書式で公表されねばならないことが規定されており，それを，その根拠としてあげている．この制度の本来の目的からいえば，なるほどそのとおりであるが，周知のとおり，実はこれらの規定が「空洞化」しているところに，経営者をコントロールする「装置」の議論が端を発しているのであり，話が振り出しにもどることになる．

④ 労働市場 (managerial labor market)：経営者自身が，自らの経営成果の善し悪しで「経営者労働市場」で価格づけされ，それにより自らの収入まで決定づけられることから，経営者は努力せざるをえなくなる，というこれまたたいへん古典的な議論である．これについてはのちに再度言及することになるが，古くはFama (1980) らに始まるこの「経営者労働市場」の概念は，他の経営者たちをも含めた相互の統制・監視という考え方がそのユニークさであったが，実はそれは「虚構的市場」であることも少なくない．また，各国ごとの実状に大きく左右される議論でもある．

⑤ 集団による意思決定 (group decision making)：意思決定を行うのは経営者一人ではなく，取締役会（ドイツ株式会社における der Vorstand で，日本の株式会社における取締役会と混同しないよう「執行役会」と訳すことも多い．ここでも以下では「執行役会」と称する）という「グループ」であり，経営者はそのなかでコントロールされうるし，意思決定自体も切磋琢磨されうる，というきわめて楽観的な主張である．

ドイツ株式法第77条によると，執行役会が複数の人員からなる場合，執行役会構成員はすべて，共同でのみ会社の経営に携わりうることになっている．ただし，執行役会の職務規定や定款で，例外を決めることはできる．とはいっても，執行役会内部で意見の相違があった場合に，少数派が多数派を押し切って決めて

もよい，という規定をつくることは，認められていない．たとえば，ドイツの銀行では，9000万マルクをこえる融資は執行役会構成員の全員の承認を得たときにのみ行われることになっているという．ただし，次のようなことがあったのも事実である．すなわち，かつて銀行ではないが，ある国際的に活動している株式会社の執行役会議長が，事前に誰にも告げることなく10億マルクを投資してしまったことを，ジャーナリズムに告白したのである．

よく取り沙汰される，執行役会議長がもつこのような強大な実質的権力は，監督役会がドイツ株式法第84条に基づいて行う措置によって制約を受けることになっている．監督役会が，まず執行役会議長を選び，その（公開あるいは非公開による）推薦により，関連した執行役会構成員を任命すると，執行役会議長に対する執行役会構成員の従属性は退けられないであろう．しかし，監督役会がそれに対応して，個々の執行役会構成員に直接的・非公式的な接触を行えば，それによって，執行役会内に，つりあいのとれた権力配分がなされうる．ただし，これによって執行役会議長が，そのようなある意味で逆向きの動機づけ効果をもつ「合法的規制」のもとでのコントロールの強化により，自らが見捨てられているかのような認識をもってしまったり，監督役会の信頼を享受しえないと感じるようになってしまってはならない，とSpremann(1990)は説いている．

ここでなされている主張は，一見して明らかなとおりに，ごく建前的なことである．それは，極端にいえば，会社法の精神を「無菌的」に述べたものである．すなわちこのような議論は常に「建前論」と「実態論」に分かれてしまうものであり，Spremann(1990)の議論は，いうまでもなく前者を感触的に述べているにすぎないので，それ以上の洞察を与えるものではない．ただし，このような制度が実効をあげるようにするためにはどのような制度設計を行えばよいのか，という議論に進むことは当然可能である．

⑥ 名声(reputation)：企業に対する大衆の尊敬の念は，名声のしるしである．名声は抽象的なものであり，会計数値化することはできないものの，すべての計画の促進に役立つであろう．数多くの，意見形成のもとになる前例のもとでの安定的な立派な振る舞いによって，さらに名声が形成される．そしてそのような，名声のもつ促進的な効果に基づき，資本提供者は，経営者がそのような企業の名声づくりにどれだけ貢献したかによって，経営者を判断することができるであろう．企業の名声を，必ずしも常に正確ではないにしても，たやすく確認すること

により，経営者の評価を行いうる．そのような意見形成という意識のもとで，経営者は規律づけられるであろう，というのがこの議論である．

ここでの議論は，先に述べた「明文化されない規律制度」の一つとして注目してよい．Spremann(1990)は，この reputation に関連して信頼(garantie)という概念も提唱しており，これも内容としてはほとんど変わらないもので，やはり同様の発想によるものであり，従来からのエージェンシー理論における，ある意味で「固い」発想からは多少脱却したものとしておもしろい．さらにそのような「財」の流通する「市場」に関する議論も興味深い．

⑦ 族意識(clan)：階層構造をなす社会というものは，組織論的には族意識のもとに理解され，そこでは新人の採用ならびに昇進というものも，ある基準のもとに決定される．そのような採用ならびに昇進にあたり，社会の価値概念を個人がどれくらい同化しているであろうか．そしてこの場合の基準というものが，ここでいうコントロールメカニズムとして機能しうる，という考え方である．たとえば，ある上役が部下をもったときに，物質的な点に関しては申し分のない能力があったとしても，組織全体とは異なった価値概念をもっていたならば，そのコントロールには別途に膨大な官僚主義的規律が必要となるであろう．一方もし，上役が部下を選ぶときに，組織と価値概念を同一にするような人物を選んでおけば，彼が要する監視費用は大いに削減されうるであろう．価値概念の共有という意味で，組織構成員は皆，個人的調和の義務を感じるようになる．資本提供者は，経営者の選択の際に，その専門家としての質のみならず，彼がもつ価値概念にも注意するようにしておけば，監視費用，すなわちエージェンシー費用を低くすることができるであろう．同じことは，監督役会構成員の指名の際にもあてはまるであろう（図7.2）．

経営者に対する規律制度としてのこのような「族意識」という概念は，よく考えてみると決して目新しいものではない．しかし，実はこれは，いわゆる「日本的経営論」の重要なコンポーネントとなっているものである．

以上みてきたSpremann(1990)による興味深い分類により，われわれは次のことに気づくであろう．

まず，経営者をコントロールするメカニズムには，大きく分けて，

（ⅰ）企業内に構築される「装置」としての制度という形でのコントロールメカニズム，

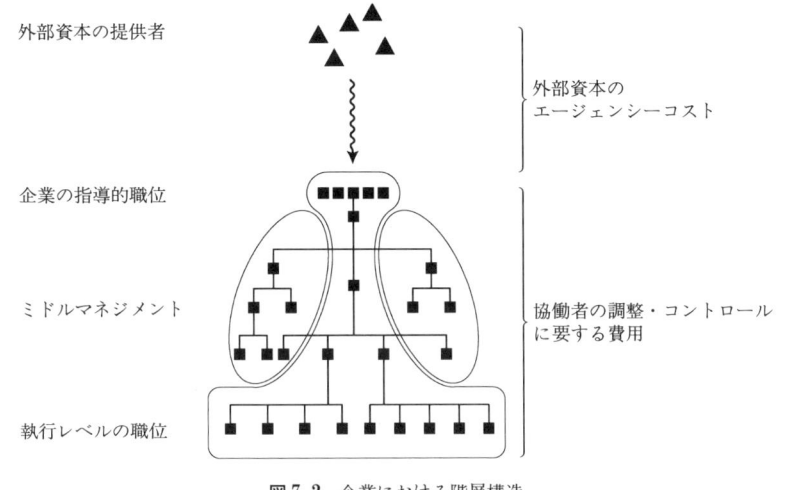

7.3 財務におけるエージェンシーモデル   145

図7.2 企業における階層構造
Spremann (1990), S. 615 より.

(ⅱ) 企業を取り巻く市場を経由したコントロールメカニズム

の二つがあるということである．ただし，(ⅰ)は(ⅱ)のバックアップを前提として機能していることもありうる(たとえば，(ⅰ)の範囲内にとどまることにより，(ⅱ)のなかへ弾き出されることなく活動が進められる，など)という意味で(ⅰ)は(ⅱ)と重なっている，あるいは(ⅰ)は(ⅱ)の一部分である，ということもできるであろう．そしてまたそれは，企業を一つの活動体としてとらえるならば，企業の，(ⅰ)内部的，(ⅱ)外部的なコントロールメカニズムということもできる．

われわれの分類では，Spremann (1990)があげたファクターは次のように再分類される．
  (ⅰ) ①報酬，③法的規制，⑤集団による意思決定，⑦族意識，
  (ⅱ) ②発展，④労働市場，⑥名声．
もとより，これら諸要因にはまわりとの境界線がはっきりしないものもあり，たとえば⑥などは，一体いかなる市場が経営者をして直接規律づけるのか，現時点では若干の疑義なしともしないのであるが，経営者の経営成果，人となりが経済社会という「鏡」に投影され，それが当該企業の評価の一側面となっていって，ひいては資金調達の容易さなどへ反映されていく，という意味では，企業外

部からの規律づけ，一つの面として資本市場とつながったメカニズムである，いうことができるであろう．

さて，青木(1984)によると，エージェンシー理論の検討の対象は，すでに述べたとおり，疑似プリンシパルとしての株主の側に，疑似エージェントとしての経営者の選好に関する完全な情報が存在しないときに，経営者を監視し，規律づけるメカニズムの研究へと向けられるようになってきている．そして，そのようなメカニズムとして次の三つが例としてあげられている．

1) 経営者の労働市場，
2) 会社のコントロールに対する市場(外部的なテークオーバー)，
3) 生産物に対する市場．

このうちの1)はSpremann(1990)のいう④，3)はしいていえば②に対応するものであろう．ここで，重複を恐れず1)について見直してみよう．

株主と経営者の間のエージェンシー関係のコントロールに関しては，前述のとおり，Fama(1980)の議論と経営者労働市場からの影響についての議論は，いまや古典的であり，その現実的有効性についてはまた別としても，一見の価値があることは確かである．

従来のJensen & Meckling(1976)の議論においては，経営者でありかつ危険負担者でもあるところの，いわゆる「企業家」がエージェントと考えられていたのであった．しかし，この概念そのものが実はすでに奇妙なものであり，しかもFama(1980)によれば，両者を包括して議論することは，企業組織内で両者がおのおのの質的に明らかに異なった生産手段を提供し，またその生産手段の提供のために異なった市場を介在させ，その結果，特定企業(あるいは当該企業)に対する関心が両者で異なっているという現象を捨象するという全く実状にそぐわない欠点を有する．つまり，経営者も危険負担者(株主)も，ともに企業にある種の生産要素，すなわち彼の人的資本(経営者)や資金(株主)を提供しているという点では変わりがないといえるが，株主は資本市場を通して自らの負担するリスクを分散することが可能であり，したがって特定企業に対する関心よりは，資本市場の効率性や完全性の方に関心があるのに対し，経営者は，経営者労働市場において，自らの人的資本のレンタルレイトもしくは価値というものが，彼の能力を反映したものである当該企業の成功や失敗をシグナルとして決められるということから，自企業の成果に強い関心をもっているのである．

ところで，このように経営者の価値が当該企業の成果と密接にリンクしているということは経営者に対する一種のインセンティブシステムが存在することを示しているから，危険負担者(株主)側にとっては非常に好ましいことであるといえる．しかし，このシステムの完全性については，さらに検討が必要であろう．というのは，時間要素を考慮に入れるならば，企業の現在の成果は，現在の経営者の評価ではなく将来の経営者の評価に対してシグナルの役割を果すのであり，その将来的波及の完全性が保証されなければ，依然としてエージェンシー問題は解決したことにはならないからである．Fama (1980) はここで，経営者労働市場が競争的であることをはじめとして，経営者の行動とその評価システムに対するモニタリングが働いているということから議論を進めている．

　経営者の行動をモニターしたり，コントロールしたりする役割を担う中心的主体として，従来 Jensen & Mecking (1972) や Alchian & Demsetz (1972) が扱ってきたものは，企業の危険負担者としての株主であった．しかし，前述したように個々の株主は所有株式を分散させているために，特定の企業の動向に対する関心が薄く，したがって，実際はモニタリングないしコントロールを行う主体としては単独では明らかにインセンティブに欠けているという問題があった．

　これに対し，Fama (1980) は経営者の周囲に形成される経営者労働市場を中心としたモニタリングメカニズムに注目している．経営者労働市場の現実の存在の形態については，たとえば日本などのように企業内部の労働市場がその中心となる場合や，西欧諸国のようにわが国よりは企業外部の労働市場が発達している場合のように，各国間によってかなりの差があるのが事実である．しかし，それが企業のどこに形成されようとも，少なくともその労働市場にはいわゆる潜在的な経営者が存在するということには変わりはない．そして，これら潜在的な経営者は，自らが経営者となりうる当該企業の現経営者の業績，およびその業績を当該企業が評価し，補償するメカニズムに対し，非常に関心をもっているであろうから，そのメカニズムが正しく作動しているか否かについて常にモニタリングを行っていると考えられる．これは，わが国の内部経営者労働市場について，特に留意すべき点であろう．すなわち，このような外部労働市場からのモニタリングのほかにも企業内部には経営者の行動に関心をもつ多くの利害関係者が存在しているということである．たとえば，潜在的な経営者でなくとも経営者以下のいわゆる管理者レベルにある者は，自らの労働生産性が企業の業績ないしはそれを生

み出す経営者の業績と密接に関係しており，したがって彼らの人的資本のレンタルレイトもしくは価値の評価を，その労働市場が，彼らの在籍する企業自体の業績を中心的なシグナルとして行うことが多いということを認識しており，そのためにこれらの人々も経営者の行動についてかなり注意を払っていると考えることができると思われる．特にわが国の場合，文化的・風土的原因により，いわゆる「敗者復活戦」がむずかしいことから，内部にしろ外部にしろ，「経営者労働市場」での pricing はかなり苛烈なものであることは知ってのとおりである．

　Fama (1980) は，このような組織内外の競争的経営者労働市場の存在のもとでは，経営者の報酬は彼の労働生産性に見合った水準に調整されるために，上述した評価の時間的差異という問題が解決されると考えている．

　確かに上述したような株主と経営者間におけるエージェンシー問題は，事後的に判明するエージェントのパフォーマンスを事前的に保証することができない（もしくは行う場合に負担できないほどのコストがかかる）ということに，その原因があるわけだが，それはあくまでも経営者が1期間のみ活動するという仮定のもとでの考えである．しかし，おそらくほとんどの経営者は多期間にわたって活動を続けるのであり，そのような状況では，経営者の能力，努力水準などに関する情報は，時が経過するにつれて知られるようになり，彼は（よい意味であるにしろ，悪い意味であるにしろ）ある特定の評判を得ることになる．したがって，その結果，彼が将来においても組織の利益ないしはリスク負担者たる株主の利益を過度に消費することが予想されるのであれば，彼のその後の金銭的報酬はそれに見合って減じられるであろう．

　このようにして，多期間活動する経営者においては，一活動期間の事前の報酬と事後に判明した真のパフォーマンスもしくは労働生産性との差は，その時点では解決されないものの，いずれは彼の将来の金銭的報酬の現在価値の減少となって終局的には経営者が負担することになるのである．そして経営者が負担しなければならないこのようなコストが非常に大きいことが，彼に生じるインセンティブ上の問題を解決することになるのである．

　以上の Fama (1980) の議論にはフリーライダーの問題，チーム生産の問題など，すぐに現実にあてはめるにはかなりのむずかしい問題があるのは事実だが，経営者に対する規律づけ手段としてなにがしかの価値があるのは確かではあろうし，Fama (1980) の議論もこの点において高く評価されるべきであろう．

参 考 文 献

本書は本来「財務の数学」というイメージの下にくわだてられたものである．副題をつけるとすれば，まさしくそれになろうが，しかし，なにもそれだけを狙ったものではない．繰り返しになるが，財務的意思決定の背後にある，モデル分析の発想を理解するための入門の役割を果たすことが，重要な意図である．以下では，各章を執筆するにあたって筆者が参考にした資料や文献を紹介するが，それとともに，章ごとに，読者がさらに本書の内容をこえて勉強するにあたり，有益と思われる文献を追加的にあげることとした．読者にとってこれらのテーマに関する本格的な勉強の指針となれば幸いである．

<1章>
1) E. F. Fama, Efficient capital markets: A review of theory and empirical work. *Journal of Finance*, **25**, 1970, pp. 383-417.
2) I. Fisher, The Theory of Interest, MacMillan, 1930 (Reprint: MacMillan, 1965).
3) M. C. Jensen (ed.), Studies in the Theory of Capital Markets, Praeger Publishers, 1972.
4) J. Lintner, The valuation of risk assets and the selection of risky investments in stock portfolios and capital budgets. *Review of Economics and Statistics*, **47**, 1965, pp. 13-37.
5) H. Markowitz, Portfolio selection. *Journal of Finance*, **7**, 1952, pp. 77-91.
6) F. Modigliani & M. Miller, The cost of capital, corporation finance and the theory of investment. *American Economic Review*, **48**, 1958, pp. 261-297.
7) W. F. Sharpe, A simplified model of portfolio analysis. *Management Science*, **9**, 1963, pp. 277-293.
8) W. F. Sharpe, Capital asset price: A theory of market equilibrium under condition of risk. *Journal of Finance*, **19**, 1964, pp. 425-442.
9) O. E. Williamson, Markets and Hierarchies, Free Press, 1975. (浅沼萬里, 岩崎　晃訳, 市場と企業組織, 日本評論社, 1980)

まず，「ファイナンス」と呼ばれる分野は，財務の意思決定のうち，資本市場理論を中心とする，モデル分析を駆使した重要なトピックである．この分野について，平易なところから懇切に説明したものが，次の本である．
● 久保田敬一，よくわかるファイナンス，東洋経済新報社，2001．

わが国にポートフォリオセレクションが本格的に紹介された1980年頃に，理論的にも確実にフォローした本を公刊したこの著者が，満を持して世に問う最新の内容の本である．ただし，わかりやすいとはいっても，もともとが複雑なテーマなのであるから，その点は意を決してあたらないと，たやすく読める，というわけにはいかない．さらに，次の本も，経営財務全体のアウトラインを知るには都合がよい．
● 若杉敬明，斎藤　進，丸山　宏，経営財務，有斐閣，1998．

また，次の本も，本書がカバーしていない分野を広くとりあげ，解説している好著である．
● 大村敬一，現代ファイナンス，有斐閣，1999．

一方，ファイナンスを学ぶために，式の展開に始まる，モデルのハンドリングを勉強したい人には，次の本が最適である．
● S. J. ブラウン，M. P. クリンツマン（久保田敬一監訳），証券アナリストのための計量分析入門，東洋経済新報社，1992．

本書によって，特に証券アナリストをめざす方でなくても，このテーマに取り組むにあたって必要な，モデル操作の知識を得られる．ただし，繰り返しになるが，たやすくそれが得られるわけではない．意を決して読む必要があるのは同様である．

<2章>

1) H. Markowitz, Portfolio selection. *Journal of Finance*, 7, 1952, pp. 77-91.
2) W. F. Sharpe, A simplified model of portfolio analysis. *Management Science*, 9, 1963, pp. 277-293.
3) W. F. Sharpe, Capital asset price : A theory of market equilibrium under condition of risk. *Journal of Finance*, 19, 1964, pp. 425-442.

ポートフォリオセレクションに関しては，筆者にとっては今なお，次の本がベストであると思われる．
● 久保田敬一，ポートフォリオ理論，日本経済評論社，1980．

ただし，残念ながらこの本は，すでに版元品切れである．また，上記1)には，同名で，実は1冊の本として著者本人がまとめたものがあり，それには訳書があるが，これも絶版である．そこで，現在入手可能で，しかも内容も安心して読めるのは，次の本である．
● 安達智彦，斎藤　進，現代のポートフォリオ・マネジメント，同文館，1992．

この本は，資本市場理論を含めて，ポートフォリオセレクションに関して，理解のしやすさを前提に大変懇切に書かれている．ただし，B5判で400頁の大部の本で，通読するには若干のスタミナを要するといえるであろう．

より入門しやすいものとしては，3章の参考文献20)の当該章を，とりあえずあげておくことにする．なお，この本はその後改訂され，現在は第3版が出ている．

<3章>

1) R. Ball & P. Brown, An empirical evaluation of accounting income numbers. *Journal of Accounting Research*, (Autumn 1968), pp. 159-177.
2) W. Beaver, P. Kettler & M. Scholes, The association between market determined and accounting determined risk measures. *Accounting Review*, (Oct. 1970), pp. 654-682.
3) J. L. Bicksler (ed.), Capital Market Equilibrium and Efficiency, Lexington Books, 1977.
4) F. Black, Capital market equilibrium with restricted borrowing. *Journal of Business*, 45, 1972, pp. 444-454.
5) F. Black, M. C. Jensen & M. Scholes, The capital asset pricing model : Some empirical tests. M. C. Jensen ed., Studies in the Theory of Capital Markets, Praeger Publishers, 1972.
6) R. Eskew & W. Wright, An empirical analysis of differential capital market reactions to extraordinary accounting items. *Journal of Finance*, 31, 1976, pp. 651-684.
7) E. F. Fama, L. Fisher, M. Jensen & R. Roll, The adjustment of stock prices to new information. *International Economic Review*, 10, 1969, pp. 1-21.

8) E. F. Fama, Efficient capital markets : A review of theory and empirical work. *Journal of Finance*, **25**, 1970, pp. 383-423.
9) E. F. Fama, Foundations of Finance, Basic Books, 1976.
10) E. F. Fama, Efficient capital markets : Reply. *Journal of Finance*, **31**, 1976, pp. 143-145.
11) E. F. Fama & J. D. MacBeth, Risk, return and equilibrium : Empirical tests. *Journal of Political Economy*, **81**, 1973, pp. 607-636.
12) N. Gonedes, The capital market, the market for information and external accounting. *Journal of Finance*, **35**, 1976, pp. 611-630.
13) P. Griffin, Competitive information in stock market : An empirical study of earnings, dividends and analyst's forecasts. *Journal of Finance*, **35**, 1976, pp. 631-650.
14) M. C. Jensen, Capital markets : theory and evidence. *Bell Journal of Economics and Management Science*, **3**, 1972, pp. 357-398.
15) 経済法令研究会編, 証券分析, 経済法令研究会, 1997.
16) S. LeRoy, Efficient capital market : Comment. *Journal of Finance*, **35**, 1976, pp. 139-141.
17) J. Lintner, The valuation of risk assets and the selection of risky investments in stock portfolios and capital budgets. *Review of Economics and Statistics*, **47**, 1965, pp. 13-37.
18) S. Ross, The arbitrage theory of capital asset pricing. *Journal of Economic Theory*, **13**, 1976, pp. 341-360.
19) W. F. Sharpe, Capital asset price : A theory of market equilibrium under condition of risk. *Journal of Finance*, **19**, 1964 pp. 425-442.
20) 津村英文, 榊原茂樹, 青山 護, 証券投資論, 第2版, 日本経済新聞社, 1993.

日本語で勉強することを前提とするならば, 当然, 2章であげた, 安達, 斎藤 (1992) が最適である. また, 前述のとおり, 上記20) は, その後改訂され, 現在は第3版が出ている (ただし, 著者は, 浅野幸弘, 榊原茂樹, 青山 護, の各氏). とはいっても, さらにその後のこの分野での発展や変遷もあり, 再改訂による最新版の出版が待たれるが, 残念ながら3人目の共著者の急逝以来, その話はまだ聞かない. いずれにしても, 資本市場理論はいまや, 現代ファイナンス理論の中心的なテーマであるから, 十分な知識を得るためには, どうしても英語の文献を読む必要がある. この点で, 現時点では, 教科書として, 下記の文献を推薦しておく.

● R. Brealey & S. C. Myers, Principles of Corporate Finance, 4th ed., McGraw-Hill, 1991.

<4章>

1) F. Black & M. Scholes, The pricing of options and corporate liabilities. *Journal of Political Economy*, **81**, 1973, pp. 637-659.
2) 経済法令研究会編, 証券分析, 経済法令研究会, 1997.
3) 東京証券取引所編, やさしい株券オプション取引, 東京証券取引所, 1996.
4) 津村英文, 榊原茂樹, 青山 護, 証券投資論, 第2版, 日本経済新聞社, 1993.

オプション理論については, 次の本が幅広くお薦めできる.

● 久保田敬一, オプションと先物, 東洋経済新報社, 1998.

昨今は, 一種のはやりとして, オプション関係の本は, 続々と刊行されつつあるが, 実態としては, じっくりと取り組むのであれば, どれを読んでもあまり違わない, というのが正直なところである. オプション理論を厳密にフォローしようとするならば, もともと込み入った話であるから, どうしても, 右から左へ理解する, というわけにはいかないし, かといってそれ

を避けては，いつまでもわからない，ということになる．それなら思い切って，前掲書にあたるのが，結局は一番の近道である．なお，ここでも4)は推薦できる．

<5章>

1) H. I. アンゾフ (広田寿亮訳), 企業戦略論, 産業能率短期大学出版部, 1969.
2) ダイヤモンド社編, ダイヤモンド企業ランキング94, ダイヤモンド社, 1994.
3) 藤森三男, 定性要因による経営分析—その理論と実際—, 有斐閣, 1983.
4) M. Miller & F. Modigliani, Dividend policy, growth and the valuation of shares. *Journal of Business*, **34**, 1961, pp. 411-433.
5) 宮本順二朗ほか, M&Aと企業財務, 日本生産性本部・経営財務コース, Cグループ研究, 1990.
6) 水野博志, 個人投資家の行動原理, 泉文堂, 1998.
7) 田中恒夫, 企業評価論—財務分析と企業評価, 第3版, 創成社, 2001.
8) 梅田 誠, キャッシュ・フロー計算書の必要性. 企業会計, **50** (10), 1998, pp. 45-55.
9) A. Wall, Study of credit barometrics. *Federal Research Bulletin*, No. 5, 1919, pp. 229-243.
10) A. Wall & R. Dunning, Ratio Analysis of Financial Statements, Harper & Brothers, 1928.
11) J. C. Walter, Dividend policies and common stock prices. *Journal of Finance*, **11**, 1956, pp. 29-41.
12) R. L. Watts & J. I. Zimmerman, Positive Accounting Theory, Prentice Hall, 1986. (須田一幸訳, 実証理論としての会計学, 白桃書房, 1991)
13) F. Weston & E. F. Brigham, Managerial Finance, Holt, Rinehart and Winston, 1966.

　企業評価に関しては，以前から良書は多いが，ここではまず7)を推薦する．これは，財務分析の立場から，企業の評価を，相対的評価，個別的評価の二つに分類し，わかりやすく解説したものである．大学の授業にテキストとして利用するのに好適で，さらに，1人で勉強するのにも便利な本といえよう．企業評価に関しては，いわゆる経営分析や財務分析の本であれば，どれもあまり差はないといえるが，特にM&Aの見地からの企業価値の測定については，次の2冊を推薦しておこう．

●村松司叙, 宮本順二朗, 企業リストラクチャリングとM&A, 同文館, 1999.
●薄井 彰編著, M&A21世紀II バリュー経営のM&A投資, 中央経済社, 2001.

　このうち前者の2人の著者は，M&A研究で著名な研究者で，フリーキャッシュフローによる企業の価値計算に関して，実例をまじえて詳しい解説がある．後者は最新刊で，やはり企業の価値計算について，取り上げている．

<6章>

1) E. I. Altman & A. Sametz (eds.), Financial Crisis : Institutions and Markets in a Fragile Environment, John Wiley & Sons, 1977.
2) E. I. アルトマン (青山英男訳), 現代大企業の倒産—その原因と予知モデルの包括的研究, 文眞堂, 1992.
3) W. Beaver, Financial ratios as predictors of failures, empirical research in accounting. *Supplement of Journal of Accounting Research*, 1966.

4) E. B. Deakin, A discriminant analysis of predictors of business failures. *Journal of Accounting Research*, (Mar. 1972).
5) E. B. Deakin, Business failure prediction: An empirical analysis, E. I. Altman and A. Sametz eds., Financial Crisis: Institutions and Markets in a Fragile Environment, John Wiley & Sons, 1977.
6) 日本経済新聞社編, 日経優良企業ランキング, 日本経済新聞社, 各年度版.
7) 本多正久, 島田一明, 経営のための多変量解析法, 産能大学出版部, 1997.
8) M. Tamari, Financial ratios as a means of forecasting bankruptcy. *Management International Review*, **4**, 1966.
9) 田中恒夫, 企業評価論—財務分析と企業評価, 第3版, 創成社, 2001.
10) 古川浩一, 財務分析の研究, 同文館, 1983.

ここでもまず9)を推薦することができる. 次に, 2)は, 倒産予測モデルの研究の, いわば古典, あるいは集大成といえるもので, 大部のものだが, この分野の勉強を志す方は, 必ず読むべきものである. また, 10)も, わが国の企業に関する実証分析を掲載した, 著名な本である. さらに7)は, 多変量解析の手法を使って, 経営学関係の勉強をするにあたって必要な知識が得られる, 知る人ぞ知る著名な本である. 初版以来すでに4半世紀を経ようとしているが, 30刷になんなんとする, ある意味で「隠れたベストセラー」といえよう.

一方, 債券の格付けに関しては, やはり最近, 数多くの本が出回っている. そのなかでは, 次の本をあげておく.
● 三浦后美, 現代社債財務論, 税務経理協会, 1993.

この本は, どちらかといえば, 制度に関する記述が多いが, もとはといえば, 債券の格付けは米国で発生した制度であり, それが「適債基準」に支配されていた規制市場のわが国にもち込まれるまでには, さまざまな事情があったのである. そして, その格付け制度が適債基準に取って代わるにあたり, どのような背景があったかについて知ることは, 格付けを理解するには有意義なことである.

<7章>

1) A. Alchian & H. Demsetz, Production, information costs and economic organization. *American Economic Review*, **62**, 1972, pp. 777-795.
2) 青木昌彦, 現代の企業—ゲームの理論からみた法と経済, 岩波書店, 1984.
3) K. J. Arrow, The economics of agency. J. W. Pratt & R. J. Zeckhauser eds., Principals and Agents: The Structure of Business, Harvard Business School Press, 1985, pp. 37-51.
4) G. Bamberg u. a., Agency Theory, Information and Incentives, Springer-Verlag, 1987.
5) M. Berhold, A theory of linear profit-sharing incentives. *Quarterly Journal of Economics*, **85**, 1971, pp. 460-482.
6) E. F. Fama, Agency problem and the theory of the firm. *Journal of Political Economy*, **88**, 1980, pp. 288-307.
7) S. J. Grossman & O. D. Hart, An analysis of the principal-agent problem. *Econometrica*, **51**, 1983, pp. 7-45.
8) M. C. Jensen & W. H. Meckling, Theory of the firm: Managerial behaviour, agency costs and ownership structure. *Journal of Financial Economics*, **3**, 1976, pp. 305-360.

9) A. Kieser & H. Kubicek, Organisation, de Gruyter, 1983.
10) 大録英一, ホールドアップ問題と優越的地位の濫用 (3). 公正取引, No. 491, 1991, pp. 77-83.
11) 大録英一, ホールドアップ問題と優越的地位の濫用 (4). 公正取引, No. 492, 1991, pp. 39-45.
12) T. Peterson, Optimale Anreizsysteme, Gabler, 1989.
13) A. Picot, H. Dietl & E. Franck, Organisation—Eine Ökonomische Perspektive—, Schäffer Poeschel Verlag, 1997. (丹沢安治ほか訳, 新制度派経済学による組織入門, 白桃書房, 1999)
14) J. W. Pratt & R. J. Zeckhauser (eds.), Principals and Agents : The Structure of Business, Harvard Business School Press, 1985.
15) J. W. Pratt & R. J. Zeckhauser, Principals and agents : An overview. J. W. Pratt & R. J. Zeckhauser eds., Principals and Agents : The Structure of Business, Harvard Business School Press, 1985, pp. 1-35.
16) S. A. Ross, The economic theory of agency : The principal's problem. *American Economic Review*, **63**, 1973, pp. 134-139.
17) E. Schanze, Contract, agency and the delegation of decision making. G. Bamberg u. a., Agency Theory, Information and Incentives, Springer-Verlag, 1987, pp. 461-471.
18) K. Spremann, Investition und Finanzierung, Oldenbourg, 1990.
19) 谷内正文, エージェンシーモデルについて. オペレーションズリサーチ, **42**, 1983, pp. 558-564.

エージェンシー理論を中心とする新制度派経済学の考え方による, 組織の経済分析については, 13)が決定版といえる. 原書はドイツ語だが, その翻訳が刊行されている. この本を読めば, この分野に関する知識は, まずは十分すぎるほど得られるであろう. また, 8)は, 財務の分野の研究にエージェンシー理論を導入した初めての論文であり, 一度は触れることが必要であろう. また, 2)は, 経営学における経済分析の手法の利用という意味では, パイオニア的な労作であり, 一度は読んでいただきたい. エージェンシー理論に関するそこでの叙述も, 非常に興味深い. そして, 次の本は, まさしく題名どおり, 企業をエージェンシー理論の観点からあれこれと切ってみた, 筆者が知る限りでは初めての試みである. そしてこれはその優れた成果といえる.
●翟 林瑜, 企業のエージェンシー理論, 同文館, 1991.

この本は, 全体の流れとしては必ずしもわかりやすい構成とはいえないかもしれないが, 従来なかった観点からの, 企業経営の経済分析になっているのは確かであり, 一読の価値がある. また, この筆者の成果には, 次の本もある.
●翟 林瑜, 資本市場と企業金融, 多賀出版, 2000.

この本にも, エージェンシー理論による企業の分析の章があり, 前掲書と同様に有意義である. ただし, レベルとしては中級以上, 部分的には上級クラスの内容で, やさしいとはいえない.

索引

APT　46
borrowing portfolio　21
BSモデル　59
capital market line　22
CAPM　8, 28
CML　22
diversification　18
efficient frontier　17
FCF　68
fundamental analysis　41
lending portfolio　21
LP　4
NEEDS・CASMA　9
OR　4
　——における三つのアプローチ　8
PER仮説　45
reputation　143
riskless asset　20

ア　行

アドバースセレクション　122
アメリカンオプション　54, 59
アンシステマティックリスク　48
安全資産　20
安全証券　13
安全利子率　21

1月効果　45
インサイダー情報　42
インセンティブシステム　121, 138

インセンティブ制裁システム　127
インタレストカバレッジ　91

ウィークフォーム　42
ウィリアムソン　10
ウォールの指数法　81
売上高利益率　80

エージェンシー関係　118, 137
エージェンシーコスト　118, 123, 131, 138, 140
エージェンシー問題　118, 138, 148
エージェンシー理論　6, 118
エージェント　118, 137

オプション　52
オプション取引　52
オプション評価モデル　57
オプション料　52

カ　行

外部効果　135
価格変動性　55
限られた合理性　130
隠された意図　124, 128
隠された活動　124, 126
隠された行動　119
隠された情報　119, 124, 126
隠された特性　124
格付け記号　89
格付け結果情報　88

加重比率総合法　81
過剰反応効果　45
カットオフレイト　43
株券オプション取引　52
株主の収益性指標　104
株主の富　62
貨幣の時間価値　2
環境の状態　33
関係比率　81
慣行　140
完全情報の価値　132
監督役会　142

機会損失　131
機会費用　132
企業経営における四大資源　1
企業経営の三大意思決定　1
企業評価　62
企業評価理論　2
危険愛好　11
危険愛好者　11, 12
危険回避　11
危険回避者　11, 13
危険回避度　11
危険中立　11
危険中立者　11, 13
基礎商品　52
期待効用極大化説　12
期待収益率　14
期待値・分散アプローチ　12
規模効果　45
基本的分析　41
逆選択　124

共通なファクター　47
金融工学　8
金融工学モデルジャングル　9

グループ意思決定　120

経営者資本主義　121
経営者労働市場　142, 148
経営分析　62, 79
経済的価値　2
計算利率　3
契約のネットワーク　121
契約の理論　10
決定理論　5, 12, 132
原資産　52
現代財務理論　6
現代ポートフォリオ理論　32
権利行使　52
権利行使価格　52
権利行使日　52

行使期日　54
効用　13
効率的市場仮説　32
効率的市場理論　40
効率的フロンティア　17, 20
効率的ポートフォリオ　19
誤判別率　103
誤分類率　100
個別的評価　67
コモンファクター　51
コールオプション　52, 58
コントロール　121
コントロールコスト　123

サ　行

債券の格付け　88
財産処分権　121
裁定価格理論　46
最低報酬　134
裁定理論　47
最適配当政策　63

最適分類点　100
財務　2
財務関数　7
財務管理　1
財務諸表分析　78, 80
残存期間　56
残余損失　123, 131

ジェンセン　6, 8, 29
時間の価値　54, 55, 59
シグナリング　125
シグナリングコスト　123
シグナル　140
自己規律　140
自己選択　125
資産価格形成モデル　28
市場アノマリー　45
市場価値基準　4
市場関連的リスク　24
市場関連的リターン　23
市場均衡モデル　34
市場資本換元率　63
市場の効率性　32
　　──と市場均衡モデルのジョイントテスト　37
システマティックリスク　6, 22, 24, 26, 27, 48
システマティックリターン　23
執行役会　142
シナジー効果　70
指標選別　105
資本回転率　80
資本換元　2
資本コスト　43, 63
資本コスト問題　3
資本市場線　22, 29
資本市場理論　6
資本予算論　3
資本利益率　80
社会通念　140
シャープ　6, 8
シャープ・リントナー型の

CAPM　31
終身雇用　139
集団による意思決定　141, 142, 145
主観的満足度　13
純粋利子率　21
商業数学　7
証券アナリスト　41
証券混合論　6
証券投資管理　40
証券特性線　25
情報効率性　36
情報的非対称　122
情報の非対称(性)　117, 119
所有　121
新制度派の組織の経済学　6
信頼　140

数理的分析方法　7
スクリーニング　125
ステークホルダーの問題　1
ストロングフォーム　42

成果配分の問題　1
静態分析　80
制度デザイン　141
正の相関　16
セカンドベスト解　123
セクターファクター　51
絶対的評価　67
セミストロングフォーム　42, 45
ゼロベータポートフォリオ　29
線形計画法　4
選好　11

相関関係　16
操業シナジー　70
総合評価　80
相互エージェンシー関係　138, 140
相乗効果　70
相対的評価　78

索 引

装置 141
総リスク 22, 24, 26
族意識 141, 144, 145
組織的統合 129
組織メカニズム 121

タ 行

第二マーケットファクター 31

調整問題 123

2パラメターアプローチ 12

定性分析 90
低PER効果 45
定量分析 90
適正利益率 43
テクニカル分析 42
伝統的資金調達論 2

投機目的 54
倒産危険性比率 100
倒産予測モデル 98, 104
投資機会集合 18
投資シナジー 70
投資収益率 13
同質の予想 48
投資リスク 14, 16
投資理論 3
動態分析 80
得点法 82
トータルリスク 24
トータルリスクプレミアム 28
トータルリターン 23
取引費用理論 6, 10
トレーディング目的 54

ナ 行

日経優良企業ランキング 95

年功序列 139

ハ 行

買収価額 67
配当無関連説 64
配分効率的 36
配分的効率性 36
発展 141, 145
販売シナジー 70
判別関数 95, 103
判別的中率 105
判別得点 103
判別分析 94, 102, 104

非公開情報 42
非市場関連的リスク 24
非市場関連的リターン 23
非システマティックリスク 22, 24, 26, 27
非システマティックリターン 23, 26
標準値 80
標準比率 81
標準偏差 14

ファクターポートフォリオ 47
ファーストベスト解 122
ファマ 8
ファンダメンタルズ情報 42
プットオプション 52
プット・コール・パリティ 57
負の相関 16
ブラック 29
ブラック・ジェンセン型のCAPM 31
ブラック・ショールズモデル 59
フリーキャッシュフロー 68
プリンシパル 118, 137
プリンシパルエージェント理論 10
プリンシパル権 138
プレミアム 52

プロパティライツ理論 6, 10
分散 14
分散化 31
分散投資 5, 17, 18, 19
分析能力 35
分離定理 21

ペイオフルール 119
平均値 80
ベータ 29
ベータ係数 23, 26
ヘッジ目的 54

報酬 141, 145
報酬計画 134
法的規制 141, 142, 145
ポートフォリオ 14
ポートフォリオ効果 18, 26, 48
ポートフォリオ選択 5, 6
ホールドアップ 122, 128, 129
本質的価値 54, 59

マ 行

埋没費用 128
マーケットポートフォリオ 20, 22
マーケットモデル 25
マーコヴィッツ 6
マネジメントシナジー 70

ミラー 4

無関連性命題 4
無リスク証券 13, 20

銘柄 53
名声 141, 145
明文化されない規律制度 144
メックリング 6
モチベーション問題 123
モディリアーニ 4

モデル分析　8
モニタリングシステム　138
モラルハザード　122, 126
モラルハザードコスト　132

ヤ　行

有効フロンティア　17, 20
有効ポートフォリオ　19, 30

予測能力　35

ヨーロピアンオプション　54
ヨーロピアンタイプ　58

ラ　行

利子理論　2
リスク　11
リスク軽減効果　17, 19
リスク証券　13
リスクプレミアム　28, 29, 31, 43
利得関数　133

理論的価値　62
リントナー　8

レーダーチャート　82

労働市場　141, 142, 145

ワ　行

割引　2
割引率　3

著者略歴

小${}_{こ}$山${}_{やま}$明${}_{あき}$宏${}_{ひろ}$

1953 年　北海道に生まれる
1981 年　一橋大学大学院商学研究科博士課程単位取得満期退学
現　在　学習院大学経済学部経営学科教授
著　書　『利益計画の立て方』（共著，財務経理協会，1985）
　　　　『経営財務論』（創成社，1992）
　　　　『財務情報分析の基礎』（共著，実教出版，1997），ほか

シリーズ〈意思決定の科学〉4
財務と意思決定　　　　　　　　　定価はカバーに表示
2001 年 7 月 25 日　初版第 1 刷

著 者	小　山　明　宏
発行者	朝　倉　邦　造
発行所	株式会社 朝　倉　書　店

東京都新宿区新小川町 6-29
郵便番号　162-8707
電　話　03 (3260) 0141
Ｆ Ａ Ｘ　03 (3260) 0180
http://www.asakura.co.jp

〈検印省略〉

© 2001〈無断複写・転載を禁ず〉

ISBN 4-254-29514-6　C 3350

平河工業社・渡辺製本

Printed in Japan

S.I.ガス／C.M.ハリス編
前東工大 森村英典・政策研究大学院大 刀根 薫・
中大 伊理正夫監訳

経営科学OR用語大事典

12131-8 C3541　　B5判 752頁 本体32000円

OR／MSの重要な用語を、中項目・小項目のランクに分け、世界的な研究者が執筆し、五十音順に配列した大事典。〔主な用語〕意思決定／回帰分析／環境システム分析／グラフ理論／経済学／計算複雑度／計量経済／ゲーム理論／広告／在庫モデル／巡回セールスマン問題／施設配置／要員計画／線形計画法／探索モデリング／内点法／ネットワーク最適化／配送経路問題／費用効果分析／包絡分析法／目標計画法／マーケティング／待ち行列理論／マルコフ決定過程／リスク管理／他

A.チャーンズ／W.W.クーパー／A.Y.リューイン
／L.M.シーフォード編
政策研究大学院大 刀根 薫・成蹊大 上田 徹監訳

経営効率評価ハンドブック
——包絡分析法の理論と応用——

27002-X C3050　　A5判 484頁 本体15000円

DEAの基礎理論を明示し、新しいデータ分析法・実際の効果ある応用例を収めた包括的な書。〔内容〕基本DEAモデル／拡張／計算的側面／DEA用ソフト／航空業界の評価／病院の分析／炭酸飲料業界の多期間分析／病院への適用／高速道路の保守／醸造産業における戦略／位置決定支援／病院における生産性／所有権と財産権／フェリー輸送航路／標準を取り入れたDEA／修正DEAと回帰分析を用いた教育／物価指数における問題／野球選手の相対効率性／農業と石炭業への応用／他

東大 高橋伸夫著
シリーズ〈現代人の数理〉7

組織の中の決定理論

12610-7 C3341　　A5判 180頁 本体3400円

統計的決定理論と近代組織論の連続性を一つの流れとして捉えたユニークな書。文科系も含めて高校卒業程度の数学的予備知識で充分理解できるよう平易に解説されている。〔内容〕決定理論の基礎／組織論での展開／決定理論の限界と人間／他

南山大 沢木勝茂著
シリーズ〈現代人の数理〉8

ファイナンスの数理

12611-5 C3341　　A5判 184頁 本体3900円

〔内容〕資本市場と資産価格／ファイナンスのための数学／ポートフォリオ選択理論とCAPM／確率微分とファイナンスへの応用／派生証券の評価理論／債券の評価理論／系時的資産選択モデルとその評価理論／リスク尺度と資産運用モデル

長岡技科大 中村和男・群馬大 富山慶典著
シリーズ〈現代人の数理〉13

選　択　の　数　理
——個人的選択と社会的選択——

12616-6 C3341　　A5判 168頁 本体3000円

〔内容〕選択の基礎／個人的選択(個人的選択場面と選択行動、確定的な選択行動、不確実な選択行動、あいまいな選択行動)／社会的選択(社会的選択問題と選択方式、二肢選択方式、多肢選択方式、マッチング方式)／今後に向けて／他

東大 縄田和満著

Excelによる統計入門（第2版）

12142-3 C3041　　A5判 208頁 本体2800円

Excelを使って統計の基礎を解説。例題を追いながら実際の操作と解析法が身につく。Excel 2000対応〔内容〕Excel入門／表計算／グラフ／データの入力・並べかえ／度数分布／代表値／マクロとユーザ定義関数／確率分布と乱数／回帰分析／他

東大 縄田和満著

TSPによる計量経済分析入門

12119-9 C3041　　A5判 176頁 本体3000円

広く使われる統計ソフトTSPを用いて経済データの分析法を解説。初学者にも使えるよう基本操作からていねいに説明。〔内容〕TSP入門／回帰分析の基礎／重回帰分析／系列相関・不均一分散／多重共線性／同時方程式モデル／時系列データ

前統数研 林知己夫著
シリーズ〈データの科学〉1

デ　ー　タ　の　科　学

12724-3 C3341　　A5判 144頁 本体2600円

21世紀の新しい科学「データの科学」の思想とこころとを第一人者が明快に語る。〔内容〕科学方法論としてのデータの科学／データをとること―計画と実施／データを分析すること―質の検討／簡単な統計量分析からデータの構造発見へ

J.エリアシュバーグ／G.L.リリエン編
前東工大 森村英典・立大 岡太彬訓・京大 木島正明・
立大 守口　剛監訳

マーケティングハンドブック

12122-9 C3041　　A 5 判 904頁 本体27000円

〔内容〕数理的マーケティングモデル／消費者行動の予測と説明／集団的選択と交渉の数理モデル／競争的マーケティング戦略／競争市場構造の評価と非空間的木構造モデル／マーケットシェアモデル／プリテストマーケット予測／新製品拡散モデル／計算経済と時系列マーケット応答モデル／マーケティングにおける価格設定モデル／セールスプロモーションモデル／営業部隊の報酬／営業部隊の運営／マーケティングミックスモデル／意思決定モデル／戦略モデル／生産の意思決定

R.A.ジャロウ／V.マクシモビック／
W.T.ジェンバ編
中大 今野　浩・岩手県立大 古川浩一監訳

ファイナンスハンドブック

12124-5 C3041　　A 5 判 1152頁 本体28000円

〔内容〕ポートフォリオ／証券市場／資本成長理論／裁定取引／資産評価／先物価格／金利オプション／金利債券価格設定／株式指数裁定取引／担保証券／マイクロストラクチャ／財務意思決定／ヴォラティリティ／資産・負債配分／市場暴落／普通株収益／賭け市場／パフォーマンス評価／市場調査／実物オプション／最適契約／投資資金調達／財務構造と税制／配当政策／合併と買収／製品市場競争／企業財務論／新規株式公開／株式配当／金融仲介業務／米国貯蓄貸付組合危機

S.N.ネフツィ著　投資工学研究会訳

ファイナンスへの数学（第 2 版）

29001-2 C3050　　A 5 判 536頁 本体7800円

世界中でベストセラーになった"An Introduction to the Mathematics of Financial Derivatives"原著第2版の翻訳。デリバティブ評価で用いられる数学を直感的に理解できるように解説。新たに金利デリバティブ，そして章末演習問題を追加

中大 小林道正著
ファイナンス数学基礎講座 1

ファイナンス数学の基礎

29521-9 C3350　　A 5 判 176頁 本体2900円

ファイナンスの実際問題から題材を選び，難しそうに見える概念を図やグラフを多用し，初心者にわかるように解説。〔内容〕金利と将来価値／複数のキャッシュフローの将来価値・現在価値／複利計算の応用／収益率の数学／株価指標の数学

中大 小林道正著
ファイナンス数学基礎講座 5

デリバティブと確率
—2項モデルからブラック・ショールズへ—

29525-1 C3350　　A 5 判 168頁 本体2900円

オプションの概念と数理を理解するのによい教材である2項モデルを使い，その数学的なしくみを平易に解説。〔内容〕1期間モデルによるオプションの価格／多期間2項モデル／多期間2項モデルからブラック・ショールズへ／数学のまとめ

D.ラムベルトン／B.ラペール著
慶大 森平爽一郎監修

ファイナンスへの確率解析

54005-1 C3033　　A 5 判 228頁 本体4300円

数理ファイナンスをより深めるために最適な原書第2版の翻訳。〔内容〕離散時間モデル／最適停止問題とアメリカン・オプション／Brown運動と確率微分方程式／Black-Scholesモデル／オプションの価格付けと偏微分方程式／金利モデル／他

専修大 朝野熙彦著
シリーズ〈マーケティング・エンジニアリング〉1

マーケティング・リサーチ工学

29501-4 C3350　　A 5 判 192頁 本体3200円

目的に適ったデータを得るために実験計画的に調査を行う手法を解説。〔内容〕リサーチ／調査の企画と準備／データ解析／集計処理／統計的推測／相関係数と中央値／ポジショニング分析／コンジョイント分析／マーケティング・ディシジョン

都立大 朝野熙彦・味の素 山中正彦著
シリーズ〈マーケティング・エンジニアリング〉4

新　製　品　開　発

29504-9 C3350　　A 5 判 216頁 本体3500円

企業・事業の戦略と新製品開発との関連を工学的立場から詳述。〔内容〕序章／開発プロセスとME手法／領域の設定／アイデア創出支援手法／計量的評価／コンジョイント・スタディによる製品設計／評価技法／マーケティング計画の作成／他

日銀金融研 小田信之著
ファイナンス・ライブラリー1
金融デリバティブズ
29531-6　C3350　　　A5判 184頁 本体3600円

抽象的な方法論だけでなく，具体的なデリバティブズの商品例や応用計算例等も盛り込んで解説した"理論と実務を橋渡しする"書。〔内容〕プライシングとリスク・ヘッジ／イールドカーブ・モデル／信用リスクのある金融商品のプライシング

日銀金融研 小田信之著
ファイナンス・ライブラリー2
金融リスクの計量分析
29532-4　C3350　　　A5判 192頁 本体3600円

金融取引に付随するリスクを計量的に評価・分析するために習得すべき知識について，"理論と実務のバランスをとって"体系的に整理して解説。〔内容〕マーケット・リスク／信用リスク／デリバティブズ価格に基づく市場分析とリスク管理

日銀金融研 家田 明著
ファイナンス・ライブラリー3
リスク計量とプライシング
29533-2　C3350　　　A5判 180頁 本体3300円

〔内容〕政策保有株式のリスク管理／与信ポートフォリオの信用リスクおよび銀行勘定の金利リスクの把握手法／オプション商品の非線型リスクの計量化／モンテカルロ法によるオプション商品のプライシング／有限差分法を用いた数値計算手法

◆ ファイナンス講座〈全8巻〉◆
森平爽一郎・小暮厚之 編集

千葉大 小暮厚之著
ファイナンス講座1
ファイナンスへの計量分析
54551-7　C3333　　　A5判 184頁 本体3500円

ファイナンス理論を理解し実践する為に必要な計量分析を解説。〔内容〕金融のデータ分析／確率モデル・統計モデルの基本／連続時間モデルと確率微分方程式／伊藤の公式と応用／回帰モデルと時系列モデル／条件つき分散とARCHモデル／他

青学大 池田昌幸著
ファイナンス講座2
金融経済学の基礎
54552-5　C3333　　　A5判 336頁 本体4900円

〔内容〕不確実性と危険選好／平均分散分析と資本資産価格モデル／平均分散分析の拡張／完備市場における価格付け／効率的ポートフォリオとポートフォリオ分離／因子モデルと線形価格付け理論／代表的消費者の合成と経済厚生／他

京大 岩城秀樹著
ファイナンス講座3
デリバティブ　理論と応用
54553-3　C3333　　　A5判 192頁 本体3400円

急成長するデリバティブの価値（価格）評価の方法をファイナンス理論から解説。〔内容〕デリバティブと無裁定価格評価／2項モデル／離散多期間モデルでの価格評価／連続時間モデルでの価格評価／先渡と先物／オプション／金利派生資産

慶大 森平爽一郎・MTEC 小島 裕著
ファイナンス講座4
コンピュテーショナル・ファイナンス
54554-1　C3333　　　A5判 240頁 本体3800円

注目される計算ファイナンスのトピックスについて実例をあげて解説。〔内容〕コンピュテーショナル・ファイナンスとは／ツリーモデルによるオプション評価／有限差分法による偏微分方程式の数値解法／モンテカルロ法，数値積分，解析的近似

筑波大 竹原 均著
ファイナンス講座5
ポートフォリオの最適化
54555-X　C3333　　　A5判 180頁 本体3600円

現実の投資問題を基に分析・評価のためのモデル構築と解法を紹介。〔内容〕投資リスク管理と数理計画モデル／アセットアロケーションと最適化／株式システム運用モデル／株式ポートフォリオ最適化／下方リスクモデル／多期間投資モデル

国際大 平木多賀人・国際大 竹澤伸哉著
ファイナンス講座6
証券市場の実証ファイナンス
54556-8　C3333　　　A5判 212頁 本体3800円

証券市場行動を理解するための方法論と結果の解釈。〔内容〕曜日効果と日米間の情報伝達／祝日効果／日本市場のミクロストラクチャー／金利期間構造の確率要因／金利確率モデルの推定／為替リスクの評価／クロスセクション・アノマリー

慶大 森平爽一郎編
ファイナンス講座8
ファイナンシャル・リスクマネージメント
54558-4　C3333　　A5判 208頁 本体3600円

預金保険の価値，保険の価格決定，各種の複雑な商品の設計方法など，日本の金融機関が抱えるリスク管理の重要問題にファイナンス理論がどのように活かせるかを具体的に解説。〔内容〕アセット・アロケーションの方法／資産負債管理の方法

◆ シリーズ〈現代金融工学〉〈全9巻〉 ◆
木島正明 監修

京大 木島正明・京大 岩城秀樹著
シリーズ〈現代金融工学〉1
経済と金融工学の基礎数学
27501-3　C3350　　A5判 224頁 本体3200円

解法のポイントや定理の内容を確認するための例を随所に配した好著。〔内容〕集合と論理／写像と関数／ベクトル／行列／逆行列と行列式／固有値と固有ベクトル／数列と級数／関数と極限／微分法／偏微分と全微分／積分法／確率／最適化問題

京大 木島正明著
シリーズ〈現代金融工学〉3
期間構造モデルと金利デリバティブ
27503-X　C3350　　A5判 192頁 本体3400円

実務で使える内容を心掛け，数学的厳密さと共に全体を通して概念をわかりやすく解説。〔内容〕準備／デリバティブの価格付け理論／スポットレートのモデル化／割引債価格／債券オプション／先物と先物オプション／金利スワップとキャップ

都立大 渡部敏明著
シリーズ〈現代金融工学〉4
ボラティリティ変動モデル
27504-8　C3350　　A5判 160頁 本体3400円

金融実務において最重要な概念であるボラティリティの役割と，市場データから実際にボラティリティを推定・予測する方法に焦点を当て，実務家向けに解説〔内容〕時系列分析の基礎／ARCH型モデル／確率的ボラティリティ変動モデル

日本生命 乾　孝治・ニッセイ基礎研 室町幸雄著
シリーズ〈現代金融工学〉5
金融モデルにおける推定と最適化
27505-6　C3350　　A5判 200頁 本体3600円

数理モデルの実践を，パラメータ推定法の最適化手法の観点より解説〔内容〕金融データの特徴／理論的背景／最適化法の基礎／株式投資のためのモデル推定／GMMによる金利モデルの推定／金利期間構造の推定／デフォルト率の期間構造の推定

ニッセイ基礎研 湯前祥二・ニッセイ基礎研 鈴木輝好著
シリーズ〈現代金融工学〉6
モンテカルロ法の金融工学への応用
27506-4　C3350　　A5判 208頁 本体3600円

金融資産の評価やヘッジ比率の解析，乱数精度の応用手法を詳解〔内容〕序論／極限定理／一様分布と一様乱数／一般の分布に従う乱数／分散減少法／リスクパラメータの算出／アメリカン・オプションの評価／準モンテカルロ法／Javaでの実装

統数研 山下智志著
シリーズ〈現代金融工学〉7
市場リスクの計量化とVaR
27507-2　C3350　　A5判 176頁 本体3400円

市場データから計測するVaRの実際を詳述。〔内容〕リスク計測の背景／リスク計測の意味とVaRの定義／リスク計測モデルの意味／リスク計測モデルのテクニック／金利リスクとオプションリスクの計量化／モデルの評価の規準と方法

京大 木島正明・興銀第一フィナンシャル 小守林克哉著
シリーズ〈現代金融工学〉8
信用リスク評価の数理モデル
27508-0　C3350　　A5判 168頁 本体3400円

デフォルト（倒産）発生のモデルや統計分析の手法を解説した信用リスク分析の入門書。〔内容〕デフォルトと信用リスク／デフォルト発生のモデル化／判別分析／一般線形モデル／確率選択モデル／ハザードモデル／市場性資産の信用リスク評価

都立大 朝野熙彦・京大 木島正明編
シリーズ〈現代金融工学〉9
金融マーケティング
27509-9　C3350　　A5判 240頁 本体3800円

顧客が金融機関に何を求めるかの世界を分析〔内容〕マーケティング理論入門／金融商品の特徴／金融機関のためのマーケティングモデル／金融機関のためのマーケティングリサーチ／大規模データの分析手法／金融DBマーケティング／諸事例

人や企業はどのように行動を決めるべきなのか――
多様な実例と数理的思考を基に，その本質を探るシリーズ

シリーズ意思決定の科学
全5巻
松原 望 編集

1
意思決定の基礎
松原 望 著

A5判　230頁　本体3200円

意思決定／確率／ベイズ意思決定／ベイズ統計学入門／リスクと不確実性／ゲーム理論の基礎／ゲーム理論の発展／情報量とエントロピー／集団的決定

2
戦略的意思決定
生天目 章 著

A5判　200頁　本体3200円

複雑系における意思決定／競争的な意思決定／戦略的操作／適応的な意思決定／倫理的な意思決定／集合的な意思決定／進化的な意思決定

3
組織と意思決定
桑嶋健一・高橋伸夫 著

A5判　180頁　本体3200円

決定理論と合理性／近代組織論と組織ルーティン／ゴミ箱モデルと「やり過ごし」／意思決定の分析モデル／研究開発と意思決定プロセス／研究開発戦略／戦略的提携と協調行動の進化

4
財務と意思決定
小山明宏 著

A5判　168頁

財務的意思決定の対象／ポートフォリオセレクション／資本市場理論／オプション価格理論／企業評価モデル／プリンシパルエージェントモデル

5
進化的意思決定
石原英樹・金井雅之 著

[近刊]

上記価格（税別）は 2001 年 5 月現在